安全生产“谨”上添花图文知识系列手册

道路交通安全知识宣传教育手册

东方文慧　中国安全生产科学研究院　编

中国劳动社会保障出版社

图书在版编目（CIP）数据

道路交通安全知识宣传教育手册/东方文慧，中国安全生产科学研究院编. —北京：中国劳动社会保障出版社，2013
安全生产“谨”上添花图文知识系列手册
ISBN 978－7－5167－0311－3

Ⅰ. ①道… Ⅱ. ①东…②中… Ⅲ. ①公路运输-交通运输安全-安全教育-手册 Ⅳ. ①U491.4－53

中国版本图书馆 CIP 数据核字（2013）第 053525 号

中国劳动社会保障出版社出版发行
（北京市惠新东街 1 号 邮政编码：100029）
出 版 人：张梦欣
*
三河市华骏印务包装有限公司印刷装订 新华书店经销
880 毫米×1230 毫米 32 开本 4 印张 83 千字
2013 年 4 月第 1 版 2019 年 12 月第 12 次印刷
定价：20.00 元

读者服务部电话：（010）64929211/84209101/64921644
营销中心电话：（010）64962347
出版社网址：http: // www.class.com.cn

编委会名单

序

生产经营单位发生的大量事故，促使人们探求事故发生的原因及规律，建立事故发生的模型，以指导事故的预防，减少或避免事故的发生，于是就有了事故致因理论。

各种事故致因理论几乎都有一个共识：人的不安全行为与物的不安全状态是事故的直接原因。无知者无畏，不知道危险是最大的危险。人为失误、违章操作是安全生产的大敌。有资料表明，工矿企业 80% 以上的事故是由于违章引起的。因此，即使在现有的设备设施状况、作业环境、管理水平下，如果大幅度减少违章，安全生产状况也会有显著改善。

作业人员的遵章守纪，是安全生产的重要前提之一，其重要性不言而喻。企业员工要具备与自己的工作岗位相适应的生理、心理与行为条件，要具有熟练的操作技能，还应具备故障监测与排除、事故辨识与应急操作、事故应急救援等技能。这就是打造所谓“本质安全人”的基本要求，这也是企业面临的重要而艰巨的任务。

多年来，东方文慧为“本质安全人”奉献了大量优秀的安全文化产品。新年伊始，又策划出版了“安全生产‘谨’上添花图文知识系列手册”，这是一件十分有意义的事情。通过安全生产知识的学习，对提高广大员工的安全素质将会起到重要作用。

系列手册包括《安全生产基础知识宣传教育手册》《作业现场安全知识宣传教育手册》《消防安全知识宣传教育手册》《全民公共安全知识宣传教育手册》《员工安全行为规范宣传教育手册》《道路交通安全知识宣传教育手册》《应急避险安全常识宣传教育手册》《高危作业场所安全防护与职业卫生宣传教育手册》《安全标志认知与应用宣传教育手册》《火灾扑救与火场逃生宣传教育手册》10个分册，内容翔实，图文并茂，通俗易懂，是企事业单位安全生产培训与宣教以及职工自主学习的优秀资源。

我相信，系列手册的出版将会为企业的安全生产增砖添瓦。我愿意将系列手册推荐给广大职工，同时将我的祝福送给各位朋友：平安相随，幸福相伴！

赵云胜

目　录

第一章

机动车辆驾驶安全管理

第一节　机动车辆驾驶资格

一、机动车驾驶证的使用范围及申领

1. 机动车驾驶证的使用范围

（1）驾驶机动车，应当依法取得机动车驾驶证。

（2）机动车驾驶人准予驾驶的车型顺序依次分为：大型客车、牵引车、城市公交车、中型客车、大型货车、小型汽车、小型自动挡汽车、低速载货汽车、三轮汽车、残疾人专用小型自动挡载客汽车、普通三轮摩托车、普通二轮摩托车、轻便摩托车、轮式自行机械车、无轨电车和有轨电车。

准驾车型	代号	准驾车辆	其他准驾车型
大型客车	A1	大型载客汽车	A3、B1、B2、C1、C2、C3、C4、M
牵引车	A2	重型、中型全挂、半挂汽车列车	B1、B2、C1、C2、C3、C4、M
城市公交车	A3	核载 10 人以上的城市公共汽车	C1、C2、C3、C4
中型客车	B1	中型载客汽车（含核载 10 人以上、19 人以下的城市公共汽车）	C1、C2、C3、C4、M
大型货车	B2	重型、中型载货汽车；重型、中型专项作业车	
小型汽车	C1	小型、微型载客汽车以及轻型、微型载货汽车；轻型、微型专项作业车	C2、C3、C4
小型自动挡汽车	C2	小型、微型自动挡载客汽车以及轻型、微型自动挡载货汽车	
低速载货汽车	C3	低速载货汽车	C4
三轮汽车	C4	三轮汽车	
残疾人专用小型自动挡载客汽车	C5	残疾人专用小型、微型自动挡载客汽车（只允许右下肢或者双下肢残疾人驾驶）	
普通三轮摩托车	D	发动机排量大于 50 mL 或者最大设计车速大于 50 km/h 的三轮摩托车	E、F
普通二轮摩托车	E	发动机排量大于 50 mL 或者最大设计车速大于 50 km/h 的二轮摩托车	F
轻便摩托车	F	发动机排量小于等于 50 mL，最大设计车速小于等于 50 km/h 的摩托车	
轮式自行机械车	M	轮式自行机械车	
无轨电车	N	无轨电车	
有轨电车	P	有轨电车	

2. 机动车驾驶证记载和签注的内容

（1）机动车驾驶人信息：姓名、性别、出生日期、国籍、住址、身份证号码（机动车驾驶证号码）、照片。

（2）车辆管理所签注内容：初次领证日期、准驾车型代号、有效期限、核发机关印章、档案编号。

机动车驾驶证有效期分为6年、10年和长期。

二、机动车驾驶证的申领

1. 申领机动车驾驶证的基本条件

（1）年龄条件：

1）申请小型汽车、小型自动挡汽车、残疾人专用小型自动挡载客汽车、轻便摩托车准驾车型的，年龄在18周岁以上、70周岁以下。

2）申请低速载货汽车、三轮汽车、普通三轮摩托车、普通二轮摩托车或者轮式自行机械车准驾车型的，年龄在18周岁以上、60周岁以下。

3）申请城市公交车、大型货车、无轨电车或者有轨电车准驾车型的，年龄在20周岁以上、50周岁以下。

4）申请中型客车准驾车型的，年龄在21周岁以上、50周岁以下。

5）申请牵引车准驾车型的，年龄在24周岁以上、50周岁以下。

6）申请大型客车准驾车型的，年龄在26周岁以上、50周岁以下。

（2）身体条件：

1）身高。申请大型客车、牵引车、城市公交车、大型货车、无轨电车准驾车型的，身高在 155 cm 以上。申请中型客车准驾车型的，身高在 150 cm 以上。

2）视力。申请大型客车、牵引车、城市公交车、中型客车、大型货车、无轨电车或者有轨电车准驾车型的，裸眼视力或者矫正视力达到对数视力表 5.0 以上。申请其他准驾车型的，裸眼视力或者矫正视力达到对数视力表 4.9 以上。

3）辨色力。无红绿色盲。

4）听力。两耳分别距音叉 50 cm 能辨别声源方向。有听力障碍但佩戴助听设备能够达到以上条件的，可以申请小型汽车、小型自动挡汽车准驾车型的机动车驾驶证。

5）上肢。双手拇指健全，每只手的手指必须有 3 指健全，肢体和手指运动功能正常。但手指末节残缺或者右手拇指缺失的，可以申请小型汽车、小型自动挡汽车、低速载货汽车、三轮汽车准驾车型的机动车驾驶证。

6）下肢。双下肢健全且运动功能正常，不等长度不得大于 5 cm。但左下肢缺失或者丧失运动功能的，可以申请小型自动挡汽车准驾车型的机动车驾驶证。右下肢、双下肢缺失或者丧失运动功能但能够自主坐立的，可以申请残疾人专用小型自动挡载客汽车准驾车型的机动车驾驶证。

7）躯干、颈部。无运动功能障碍。

（3）有下列情形之一的，不得申领机动车驾驶证：

1）有器质性心脏病、癫痫病、美尼尔氏症、眩晕症、癔症、震颤麻痹、精神病、痴呆以及影响肢体活动的神经系统疾病等妨碍安全驾驶疾病的。

2）3 年内有吸食、注射毒品行为或者解除强制隔离戒毒措施未满 3 年，或者长期服用依赖性精神药品成瘾尚未戒除的。

3）造成交通事故后逃逸构成犯罪的。

4）饮酒后或者醉酒驾驶机动车发生重大交通事故构成犯罪的。

5）醉酒驾驶机动车或者饮酒后驾驶营运机动车依法被吊销机动车驾驶证未满 5 年的。

6）醉酒驾驶营运机动车依法被吊销机动车驾驶证未满 10 年的。

7）因其他情形依法被吊销机动车驾驶证未满 2 年的。

8）驾驶许可依法被撤销未满 3 年的。

9）法律、行政法规规定的其他情形。

2. 申领机动车驾驶证的有关规定

（1）初次申领机动车驾驶证的，可以申请准驾车型为城市公交车、大型货车、小型汽车、小型自动挡汽车、低速载货汽车、三轮汽车、残疾人专用小型自动挡载客汽车、普通三轮摩托车、普通二轮摩托车、轻便摩托车、轮式自行机械车、无轨电车、有轨电车的机动车驾驶证。

在暂住地初次申领机动车驾驶证的，可以申请准驾车型为小型汽车、小型自动挡汽车、低速载货汽车、三轮汽车、残疾人专用小型自动挡载客汽车、普通三轮摩托车、普通二轮摩托车、轻便摩托车的机动车驾驶证。

（2）申请驾驶新车型规定。已持有机动车驾驶证，申请增加准驾车型的，应当在本记分周期和申请前最近一个记分周期内没有记满 12 分记录。申请增加中型客车、牵引车、大型客车准驾车型的，还应当符合下列规定：

1）申请增加中型客车准驾车型的，已取得驾驶城市公交车、大型货车、小型汽车、小型自动挡汽车、低速载货汽车或者三轮汽车准驾车型资格 3 年以上，并在申请前最近连续 3 个记分周期内没有记满 12 分记录。

2）申请增加牵引车准驾车型的，已取得驾驶中型客车或者大型货车准驾车型资格 3 年以上，或者取得驾驶大型客车准驾车型资格 1 年以上，并在申请前最近连续 3 个记分周期内没有记满 12 分记录。

3）申请增加大型客车准驾车型的，已取得驾驶中型客车或者大型货车准驾车型资格 5 年以上，或者取得驾驶牵引车准驾车型资格 2 年以上，并在申请前最近连续 5 个记分周期内没有记满 12 分记录。

在暂住地可以申请增加的准驾车型为小型汽车、小型自动挡汽车、低速载货汽车、三轮汽车、普通三轮摩托车、普通二轮摩托车、轻便摩托车。

（3）有下列情形之一的，不得申请大型客车、牵引车、中型客车、大型货车准驾车型：

1）发生交通事故造成人员死亡，承担同等以上责任的。

2）醉酒后驾驶机动车的。

3）被吊销或者撤销机动车驾驶证未满 10 年的。

（4）持有军队、武装警察部队机动车驾驶证，或者持有境外机动车驾驶证，符合本规定的申请条件，可以申领相应准驾车型的机动车驾驶证。

（5）申领机动车驾驶证的人，按照下列规定向车辆管理所提出申请：

1）在户籍所在地居住的，应当在户籍所在地提出申请。

2）在暂住地居住的，可以在暂住地提出申请。

3）现役军人（含武警），应当在居住地提出申请。

4）境外人员，应当在居留地或者居住地提出申请。

5）申请增加准驾车型的，应当在所持机动车驾驶证核发地提出申请。

（6）初次申领机动车驾驶证，应当填写申请表，并提交以下证明：

1）申请人的身份证明。

2）县级或者部队团级以上医疗机构出具的有关身体条件的证明。属于申请残疾人专用小型自动挡载客汽车的，应当提交经省级卫生主管部门指定的专门医疗机构出具的有关身体条件的证明。

（7）申请增加准驾车型的，除填写申请表、提交证明外，还应当提交所持机动车驾驶证。

（8）持军队、武装警察部队机动车驾驶证的人申请机动车驾驶证，应当填写申请表，并提交以下证明、凭证：

1）申请人的身份证明。属于复员、转业、退伍的人员，还应当提交军队、武装警察部队核发的复员、转业、退伍证明。

2）县级或者部队团级以上医疗机构出具的有关身体条件的证明。

3）军队、武装警察部队机动车驾驶证。

（9）持境外机动车驾驶证的人申请机动车驾驶证，应当填写申请表，并提交以下证明、凭证：

1）申请人的身份证明。

2）县级以上医疗机构出具的有关身体条件的证明。属于外国驻华使馆、领馆人员及国际组织驻华代表机构人员申请的，按照外交对等原则执行。

3）所持机动车驾驶证属于非中文表述的，还应当出具中文翻译文本。

三、机动车驾驶人规定

1. 驾驶证记分制度

（1）道路交通安全违法行为累积记分周期（即记分周期）为12个月，满分为12分，从机动车驾驶证初次领取之日起计算。

依据道路交通安全违法行为的严重程度，一次记分的分值为：12分、6分、3分、2分、1分五种。

（2）对机动车驾驶人的道路交通安全违法行为，处罚与记分同时执行。

机动车驾驶人一次有两个以上违法行为记分的，应当分别计算，累加分值。

（3）机动车驾驶人对道路交通安全违法行为处罚不服，申请行政复议或者提起行政诉讼后，经依法裁决变更或者撤销原处罚决定的，相应记分分值予以变更或者撤销。

（4）机动车驾驶人在一个记分周期内累积记分达到12分的，公安机关交通管理部门应当扣留其机动车驾驶证。

机动车驾驶人应当在15日内到机动车驾驶证核发地或者违法行为地公安机关交通管理部门参加为期7日的道路交通安全法律、法规和相关知识学习。机动车驾驶人参加学习后，车辆管理所应当在20日内对其进行道路交通安全法律、法规和相关知识考试。

考试合格的，记分予以清除，发还机动车驾驶证；考试不合格的，继续参加学习和考试。拒不参加学习，也不接受考试的，由公安机关交通管理部门公告其机动车驾驶证停止使用。

机动车驾驶人在一个记分周期内有两次以上达到 12 分或者累积记分达到 24 分以上的，车辆管理所还应当在道路交通安全法律、法规和相关知识考试合格后 10 日内对其进行道路驾驶技能考试。接受道路驾驶技能考试的，按照本人机动车驾驶证载明的最高准驾车型考试。

（5）机动车驾驶人在一个记分周期内记分未达到 12 分，所处罚款已经缴纳的，记分予以清除；记分虽未达到 12 分，但尚有罚款未缴纳的，记分转入下一个记分周期。

2. 机动车驾驶执照定期审验

（1）机动车驾驶人应当按照法律、行政法规的规定，定期到公安机关交通管理部门接受审验。

机动车驾驶人换领机动车驾驶证时，应当接受公安机关交通管理部门的审验。

持有大型客车、牵引车、城市公交车、中型客车、大型货车驾驶证的驾驶人，应当在每个记分周期结束后30日内到公安机关交通管理部门接受审验。但在一个记分周期内没有记分记录的，免予本记分周期审验。

持有以上规定以外准驾车型驾驶证的驾驶人，发生交通事故造成人员死亡承担同等以上责任未被吊销机动车驾驶证的，应当在本记分周期结束后30日内到公安机关交通管理部门接受审验。

在异地从事营运的机动车驾驶人，向营运地车辆管理所备案登记1年后，可以直接在营运地参加审验。

（2）机动车驾驶证的审验内容包括：

1）道路交通安全违法行为、交通事故处理情况。

2）身体条件情况。

3）道路交通安全违法行为记分及记满12分后参加学习和考试情况。

持有大型客车、牵引车、城市公交车、中型客车、大型货车驾驶证一个记分周期内有记分的，以及持有其他准驾车型驾驶证发生交通事故造成人员死亡承担同等以上责任未被吊销机动车驾驶证的驾驶人，审验时应当参加不少于3小时的道路交通安全法律法规、交通安全文明驾驶、应急处置等知识学习，并接受交通事故案例警示教育。

对交通违法行为或者交通事故未处理完毕的，身体条件不符合驾驶许可条件的，未按照规定参加学习、教育和考试的，不予通过审验。

（3）年龄在60周岁以上的机动车驾驶人，应当每年进行一次身体检查，在记分周期结束后 30 日内，提交县级或者部队团级以上医疗机构出具的有关身体条件的证明。

持有残疾人专用小型自动挡载客汽车驾驶证的机动车驾驶人，应当每 3 年进行一次身体检查，在记分周期结束后 30 日内，提交经省级卫生主管部门指定的专门医疗机构出具的有关身体条件的证明。

机动车驾驶人按照规定参加审验时，应当申报身体条件情况。

（4）机动车驾驶人因服兵役、出国（境）等原因，无法在规定时间内办理驾驶证期满换证、提交身体条件证明的，可以向机动车驾驶证核发地车辆管理所申请延期办理。申请时应当填写申请表，并提交机动车驾驶人的身份证明、机动车驾驶证和延期事由证明。

延期期限最长不超过 3 年。延期期间机动车驾驶人不得驾驶机动车。

四、机动车驾驶执照考试

1. 考试内容和合格标准

（1）机动车驾驶人考试内容分为道路交通安全法律、法规和相关知识考试科目（以下简称“科目一”）、场地驾驶技能考试科目（以下简称“科目二”）、道路驾驶技能和安全文明驾驶常识考试科目（以下简称“科目三”）。

（2）考试内容和合格标准全国统一，根据不同准驾车型规定相应的考试项目。

（3）科目一考试内容包括：道路通行、交通信号、交通安全违法行为和交通事故处理、机动车驾驶证申领和使用、机动车登记等规定以及其他道路交通安全法律、法规和规章。

（4）科目二考试内容包括：

1）大型客车、牵引车、城市公交车、中型客车、大型货车考试桩考、坡道定点停车和起步、侧方停车、通过单边桥、曲线行驶、直角转弯、通过限宽门、通过连续障碍、起伏路行驶、窄路掉头以及模拟高速公路、连续急弯山区路、隧道、雨（雾）天、湿滑路、紧急情况处置。

2）小型汽车、小型自动挡汽车、残疾人专用小型自动挡载客汽车和低速载货汽车考试倒车入库、坡道定点停车和起步、侧方停车、曲线行驶、直角转弯。

3）三轮汽车、普通三轮摩托车、普通二轮摩托车和轻便摩托车考试桩考、坡道定点停车和起步、通过单边桥。

4）轮式自行机械车、无轨电车、有轨电车的考试内容由省级公安机关交通管理部门确定。

（5）科目三道路驾驶技能考试内容包括：大型客车、牵引车、城市公交车、中型客车、大型货车、小型汽车、小型自动挡汽车、低速载货汽车和残疾人专用小型自动挡载客汽车考试上车准备、起步、直线行驶、加减挡位操作、变更车道、靠边停车、直行通过路口、路口左转弯、路口右转弯、通过人行横道线、通过学校区域、通过公共汽车站、会车、超车、掉头、夜间行驶；其他准驾车型的考试内容，由省级公安机关交通管理部门确定。

大型客车、中型客车考试里程不少于 20 km，其中白天考试里程不少于 10 km，夜间考试里程不少于 5 km。牵引车、城市公交车、大型货车考试里程不少于 10 km，其中白天考试里程不少于 5 km，夜间考试里程不少于 3 km。小型汽车、小型自动挡汽车、低速载货汽车、残疾人专用小型自动挡载客汽车考试里程不少于 3 km，并抽取不少于 20% 进行夜间考试；不进行夜间考试的，应当进行模拟夜间灯光使用考试。

对大型客车、牵引车、城市公交车、中型客车、大型货车，省级公安机关交通管理部门应当根据实际增加山区、隧道、陡坡等复杂道路驾驶考试内容。对其他汽车准驾车型，省级公安机关交通管理部门可以根据实际增加考试内容。

（6）科目三安全文明驾驶常识考试内容包括：安全文明驾驶操作要求、恶劣气象和复杂道路条件下的安全驾驶知识、爆胎等紧急情况下的临危处置方法以及发生交通事故后的处置知识等。

（7）持军队、武装警察部队机动车驾驶证的人申请大型客车、牵引车、中型客车、大型货车准驾车型机动车驾驶证的，应当考试科目一和科目三；申请其他准驾车型机动车驾驶证的，免予考试核发机动车驾驶证。

（8）持境外机动车驾驶证申请机动车驾驶证的，应当考试科目一。申请准驾车型为大型客车、牵引车、中型客车、大型货车机动车驾驶证的，还应当考试科目三。属于外国驻华使馆、领馆人员及国际组织驻华代表机构人员申请的，应当按照外交对等原则执行。

（9）各科目考试的合格标准为：

科目一考试满分为 100 分，成绩达到 90 分的为合格。

科目二考试满分为 100 分，考试大型客车、牵引车、城市公交车、中型客车、大型货车准驾车型的，成绩达到 90 分的为合格，其他准驾车型的成绩达到 80 分的为合格。

（10）科目三道路驾驶技能和安全文明驾驶常识考试满分分别为 100 分，成绩分别达到 90 分的为合格。

2. 考试要求

（1）车辆管理所对符合机动车驾驶证申请条件的，应当受理，并按照预约日期安排考试。考试顺序按照科目一、科目二、科目三依次进行，前一科目考试合格后，方准参加后一科目的考试。科目三道路驾驶技能考试合格后，方准参加安全文明驾驶常识考试。

车辆管理所应当提供互联网、电话等方式由申请人自助预约考试，并在车辆管理所和互联网公开考试预约计划、预约人数和考试人数等情况。

（2）初次申请机动车驾驶证或者申请增加准驾车型的，科目一考试合格后，车辆管理所应当在 1 日内核发驾驶技能准考证明。

驾驶技能准考证明的有效期为 3 年，申请人应当在有效期内完成科目二和科目三考试。未在有效期内完成考试的，已考试合格的科目成绩作废。

（3）初次申请机动车驾驶证或者申请增加准驾车型的，申请人预约考试科目二，应当符合下列规定：

1）报考小型汽车、小型自动挡汽车、低速载货汽车、三轮汽车、残疾人专用小型自动挡载客汽车、轮式自行机械车、无轨电车、有轨电车准驾车型的，在取得驾驶技能准考证明满 10 日后预约考试。

2）报考大型客车、牵引车、城市公交车、中型客车、大型货车准驾车型的，在取得驾驶技能准考证明满 20 日后预约考试。

（4）初次申请机动车驾驶证或者申请增加准驾车型的，申请人预约考试科目三，应当符合下列规定：

1）报考低速载货汽车、三轮汽车、轮式自行机械车、无轨电车、有轨电车准驾车型的，在取得驾驶技能准考证明满 20 日后预约考试。

2）报考小型汽车、小型自动挡汽车、残疾人专用小型自动挡载客汽车准驾车型的，在取得驾驶技能准考证明满 30 日后预约考试。

3）报考大型客车、牵引车、城市公交车、中型客车、大型货车准驾车型的，在取得驾驶技能准考证明满 40 日后预约考试。

（5）持军队、武装警察部队或者境外机动车驾驶证申请机动车驾驶证的，应当自车辆管理所受理之日起 3 年内完成科目考试。

（6）申请人因故不能按照预约时间参加考试的，应当提前 1 日申请取消预约。对申请人未按照预约考试时间参加考试的，判定该次考试不合格。

（7）每个科目考试一次，考试不合格的，可以补考一次。不参加补考或者补考仍不合格的，本次考试终止，申请人应当重新预约考试，但科目二、科目三考试应当在 10 日后预约。科目三安全文明驾驶常识考试不合格的，已通过的道路驾驶技能考试成绩有效。

在驾驶技能准考证明有效期内，科目二和科目三道路驾驶技能考试预约考试的次数不得超过 5 次。第 5 次预约考试仍不合格的，已考试合格的其他科目成绩作废。

（8）从事考试工作的人员，应当持有省级公安机关交通管理部门颁发的考试员证书。

考试员应当认真履行考试职责，严格按照规定考试，接受社会监督。在考试前应当自我介绍，讲解考试要求，核实申请人身份；考试中应当严格执行考试程序，按照考试项目和考试标准评定考试成绩；考试后应当当场公布考试成绩，讲评考试不合格原因。

每个科目的考试成绩单应当有申请人和考试员的签名。未签名的不得核发机动车驾驶证。

（9）考试员应当严格遵守考试工作纪律，不得为不符合机动车驾驶许可条件、未经考试、考试不合格人员签注合格考试成绩，不得减少考试项目、降低评判标准或者参与、协助、纵容考试作弊，不得参与或者变相参与驾驶培训机构经营活动，不得收取驾驶培训机构、教练员、申请人的财物。

（10）考试场地建设、路段设置、车辆配备、设施配置以及考试项目、评判要求应当符合相关标准。

安全妙语“谨”上添花：

行车先领驾驶证　　各种车型有规定
依法考试来申请　　各种规则记心中

第二节　机动车辆安全技术通用要求

一、机动车辆的构造与应用

1. 汽车构造

（1）汽车。汽车由发动机、底盘、车身、电气设备等构成。

（2）发动机。发动机是产生动力的装置。机油的润滑和冷却液的降温作用保障发动机正常工作。

（3）底盘。底盘包括转向、制动、传动、行驶系统等。

2. 应用常识

（1）方向盘。方向盘用来控制转向轮。操纵方向盘要平稳，切忌猛打猛回，否则离心力过大易造成甩尾甚至侧翻。自由转动量（自由行程）不能超过 30°。

（2）变速器。变速器的作用是为汽车行驶提供不等的转速和扭矩，有空挡，并可以倒车。

（3）手动挡挡位。1、2 挡是低速挡，挡低车速慢，动力强；3 挡是中速挡；4、5 挡是高速挡，适合高速行驶；R 挡是倒车挡。

（4）自动挡挡位。P 挡是驻车挡，点火前、驻（停）车后应挂入该挡；R 挡是倒车挡；N 挡是空挡；D 挡是前进挡，挂入该挡前应踩住刹车；2 挡是低速挡，供缓坡行驶用；L 挡是低速挡，供陡坡行驶用。

（5）自动挡汽车启动发动机时，应将变速器操纵杆放在 P 挡位置。

（6）驾驶自动挡汽车起步时，踏下制动踏板，从 P 挡换入其他挡位。

（7）停放自动挡汽车时，变速器操纵杆置于 P 挡位置拔下钥匙。

（8）抢挡。利用挡低车速慢的原理，在刹车失灵、方向失控时，逐级按顺序抢挂低速挡减速。

（9）驻车制动器（手刹）。驻车制动器是使停止的车辆保持不动，防止溜车的操纵装置。手刹一般不要拉得太紧，其行程为 3～5 齿。

（10）行车制动器踏板（脚刹）。行车制动器踏板是行车中用来减速或停车的操纵装置，用右前脚掌控制。车速越快，路面越湿滑，制动距离越长。踩踏时间越长，制动系统温度越高，制动效能越低。车速超过 60 km/h，紧急制动易造成侧滑。“ABS”可提高制动效能，紧急制动时防止车轮抱死。前轮抱死会失去对方向的控制，后轮抱死易导致侧滑。

（11）加速踏板（油门）。加速踏板控制节气门开度。踩下踏板，发动机转速升高。操作时要轻踏缓抬。

（12）离合器踏板。离合器踏板控制发动机和变速器动力结合与分离。左脚踩下离合器踏板代表分离，动作要快；松抬踏板代表结合，动作要慢。操作要领是“快踩慢松”。

（13）汽车常用仪表。汽车常用仪表见表 1—1。

表 1—1　　汽车常用仪表

仪表	名称	说明
	前雾灯	该指示灯用来显示前、后雾灯的工作状况，前、后雾灯接通时，两灯点亮，图中左侧为前雾灯显示，右侧为后雾灯显示
	远光灯	显示大灯是否处于远光状态，通常情况下该指示灯为熄灭状态。在远光灯接通时亮起
	机油指示灯	显示发动机机油压力的指示灯。本灯亮起时表示润滑系统失去压力，可能有渗漏，此时需立即停车并关闭发动机进行检查
	水温指示灯	显示发动机冷却液温度过高的指示灯。此灯点亮报警时，应立即停车并关闭发动机，待冷却至正常温度后再继续行驶

续表

仪表	名称	说明
	燃油指示灯	显示燃油不足的指示灯。该灯亮起时，表示燃油即将耗尽，一般从该灯亮起到燃油耗尽之前，车辆还能行驶 50 km 左右
	安全带指示灯	显示安全带状态的指示灯。按照车型不同，灯会亮起数秒进行提示，或者直到系好安全带才熄灭，有的车还会有声音提示

二、机动车辆和非机动车辆安全技术要求

（1）国家对机动车实行登记制度。机动车经公安机关交通管理部门登记后，方可上道路行驶。尚未登记的机动车，需要临时上道路行驶的，应当取得临时通行牌证。

（2）申请机动车登记，应当提交以下证明、凭证：

1）机动车所有人的身份证明。

2）机动车来历证明。

3）机动车整车出厂合格证明或者进口机动车进口凭证。

4）车辆购置税的完税证明或者免税凭证。

5）法律、行政法规规定应当在机动车登记时提交的其他证明、凭证。

公安机关交通管理部门应当自受理申请之日起 5 个工作日内完成机动车登记审查工作，对符合以上规定条件的，应当发放机动车登记证书、号牌和行驶证；对不符合以上规定条件的，应当向申请人说明不予登记的理由。

机动车登记证书、号牌、行驶证的式样由国务院公安部门规定并监制。

（3）准予登记的机动车应当符合机动车国家安全技术标准。申请机动车登记时，应当接受对该机动车的安全技术检验。但是，经国家机动车产品主管部门依据机动车国家安全技术标准认定的企业生产的机动车型，该车型的新车在出厂时经检验符合机动车国家安全技术标准，获得检验合格证的，免予安全技术检验。

（4）驾驶机动车上道路行驶，应当悬挂机动车号牌，放置检验合格标志、保险标志，并随车携带机动车行驶证。

机动车号牌应当按照规定悬挂并保持清晰、完整，不得故意遮挡、污损。任何单位和个人不得收缴、扣留机动车号牌。

（5）有下列情形之一的，应当办理相应的登记：

1）机动车所有权发生转移的。

2）机动车登记内容变更的。

3）机动车用作抵押的。

4）机动车报废的。

（6）对登记后上道路行驶的机动车，应当依照法律、行政法规的规定，根据车辆用途、载客载货数量、使用年限等不同情况，定期进行安全技术检验。对提供机动车行驶证和机动车第三者责任强制保险单的，机动车安全技术检验机构应当予以检验，任何单位不得附加其他条件。对符合机动车国家安全技术标准的，公安机关交通管理部门应当发给检验合格标志。

机动车安全技术检验实行社会化的地方，任何单位不得要求机动车到指定的场所进行检验。

公安机关交通管理部门、机动车安全技术检验机构不得要求机动车到指定的场所进行维修、保养。

机动车安全技术检验机构对机动车检验收取费用，应当严格执行国务院价格主管部门核定的收费标准。

（7）国家实行机动车强制报废制度，根据机动车的安全技术状况和不同用途，规定不同的报废标准。

应当报废的机动车必须及时办理注销登记。

达到报废标准的机动车不得上道路行驶。报废的大型客、货车及其他营运车辆应当在公安机关交通管理部门的监督下解体。

（8）警车、消防车、救护车、工程救险车应当按照规定喷涂标志图案，安装警报器、标志灯具。其他机动车不得喷涂、安装、使用上述车辆专用的或者与其相类似的标志图案、警报器或者标志灯具。

警车、消防车、救护车、工程救险车应当严格按照规定的用途和条件使用。

公路监督检查的专用车辆，应当依照公路法的规定，设置统一的标志和示警灯。

（9）任何单位或者个人不得有下列行为：

1）拼装机动车或者擅自改变机动车已登记的结构、构造或者特征。

2）改变机动车型号、发动机号、车架号或者车辆识别代号。

3）伪造、变造或者使用伪造、变造的机动车登记证书、号牌、行驶证、检验合格标志、保险标志。

4）使用其他机动车的登记证书、号牌、行驶证、检验合格标志、保险标志。

（10）国家实行机动车第三者责任强制保险制度，设立道路交通事故社会救助基金。

（11）依法应当登记的非机动车，经公安机关交通管理部门登记后，方可上道路行驶。

依法应当登记的非机动车的种类，由省、自治区、直辖市人民政府根据当地实际情况规定。

非机动车的外形尺寸、质量、制动器、车铃和夜间反光装置，应当符合非机动车安全技术标准。

安全妙语“谨”上添花：

车辆构造需熟悉　　指示标志区分清
购买车辆要合法　　各种保险需备齐

第二章 机动车道路通行基本安全要求

第一节 道路通行条件和信号标志

一、道路通行条件

（1）全国实行统一的道路交通信号。

1）交通信号包括交通信号灯、交通标志、交通标线和交通警察的指挥。

2）交通信号灯、交通标志、交通标线的设置应当符合道路交通安全、畅通的要求和国家标准，并保持清晰、醒目、准确、完好。

3）根据通行需要，应当及时增设、调换、更新道路交通信号。增设、调换、更新限制性的道路交通信号，应当提前向社会公告，广泛进行宣传。

（2）交通信号灯。交通信号灯由红灯、绿灯、黄灯组成。红灯表示禁止通行，绿灯表示准许通行，黄灯表示警示。

（3）铁路与道路平面交叉的道口，应当设置警示灯、警示标志或者安全防护设施。无人看守的铁路道口，应当在距道口一定距离处设置警示标志。

（4）任何单位和个人不得擅自设置、移动、占用、损毁交通信号灯、交通标志、交通标线。

道路两侧及隔离带上种植的树木或者其他植物，设置的广告牌、管线等，应当与交通设施保持必要的距离，不得遮挡路灯、交通信号灯、交通标志，不得妨碍安全视距，不得影响通行。

（5）道路、停车场和道路配套设施的规划、设计、建设，应当符合道路交通安全、畅通的要求，并根据交通需求及时调整。

公安机关交通管理部门发现已经投入使用的道路存在交通事故频发路段，或者停车场、道路配套设施存在交通安全严重隐患的，应当及时向当地人民政府报告，并提出防范交通事故、消除隐患的建议，当地人民政府应当及时作出处理决定。

（6）道路出现坍塌、坑槽、水毁、隆起等损毁或者交通信号灯、交通标志、交通标线等交通设施损毁、灭失的，道路、交通设施的养护部门或者管理部门应当设置警示标志并及时修复。

公安机关交通管理部门发现以上情形，危及交通安全，尚未设置警示标志的，应当及时采取安全措施，疏导交通，并通知道路、交通设施的养护部门或者管理部门。

（7）未经许可，任何单位和个人不得占用道路从事非交通活动。

（8）因工程建设需要占用、挖掘道路，或者跨越、穿越道路架设、增设管线设施，应当事先征得道路主管部门的同意；影响交通安全的，还应当征得公安机关交通管理部门的同意。

1）施工作业单位应当在经批准的路段和时间内施工作业，并在距离施工作业地点来车方向安全距离处设置明显的安全警示标志，采取防护措施。

2）施工作业完毕，应当迅速清除道路上的障碍物，消除安全隐患，经道路主管部门和公安机关交通管理部门验收合格，符合通行要求后，方可恢复通行。

3）对未中断交通的施工作业道路，公安机关交通管理部门应当加强交通安全监督检查，维护道路交通秩序。

（9）新建、改建、扩建的公共建筑、商业街区、居住区、大（中）型建筑等，应当配建、增建停车场；停车泊位不足的，应当及时改建或者扩建；投入使用的停车场不得擅自停止使用或者改作他用。

在城市道路范围内，在不影响行人、车辆通行的情况下，政府有关部门可以施划停车泊位。

（10）学校、幼儿园、医院、养老院门前的道路没有行人过街设施的，应当施划人行横道线，设置提示标志。

城市主要道路的人行道，应当按照规划设置盲道。盲道的设置应当符合国家标准。

二、常见交通信号标志

1. 交通信号灯

（1）红、绿、黄灯。交叉路口红灯亮表示禁止车辆通行，车辆必须停在停止线以外。道路与铁路平面交叉道口有两个红灯交替闪烁或者一个红灯亮时，禁止车辆、行人通行。绿灯亮表示允许通行。黄灯代表警示，黄灯闪烁时确保安全可以通行，黄灯亮时禁止通行，抢黄灯行为属于违反道路交通信号灯通行。

（2）车道灯（箭头灯）。绿色箭头朝上（左、右），允许直行（左转、右转），红色箭头灯或叉形灯亮时，禁止本车道车辆通行。

（3）人行横道信号灯。红灯亮禁止行人通行，绿灯亮准许行人通行，绿灯闪烁时已进入人行横道的行人抓紧时间通过，未进入人行横道的行人禁止通行。

2. 交通标志

交通标志由指示标志（蓝色）、指路标志（蓝、绿色）、警告标志（黄色）、禁令标志（红色）、旅游标志（褐色）、辅助标志（黑白色）、道路施工安全标志 7 种组成。

（1）蓝色：指示标志，指示方向、路线。

 直行	 向左转弯	 向右转弯	 直行和向左转弯
表示只准一切车辆直行。此标志设在直行的路口以前适当位置	表示只准一切车辆向左转弯。此标志设在车辆必须向左转弯的路口以前适当位置	表示只准一切车辆向右转弯。此标志设在车辆必须向右转弯的路口以前适当位置	表示只准一切车辆直行和向左转弯。此标志设在车辆必须直行和向左转弯的路口以前适当位置

直行和向右转弯	向左和向右转弯	靠右侧道路行驶	靠左侧道路行驶
表示只准一切车辆直行和向右转弯。此标志设在车辆必须直行和向右转弯的路口以前适当位置	表示只准一切车辆向左和向右转弯。此标志设在车辆必须向左和向右转弯的路口以前适当位置	表示只准一切车辆靠右侧道路行驶。此标志设在车辆必须靠右侧行驶的路口以前适当位置	表示只准一切车辆靠左侧道路行驶。此标志设在车辆必须靠左侧行驶的路口以前适当位置

立交直行和左转弯行驶	立交直行和右转弯行驶	环岛行驶	步行

续表

表示车辆在立交处可以直行和按图示路线左转弯行驶。此标志设在立交左转弯出口处适当位置	表示车辆在立交处可以直行和按图示路线右转弯行驶。此标志设在立交右转弯出口处适当位置	表示只准车辆靠右环行。此标志设在环岛面向路口来车方向适当位置	表示该街道只供步行。此标志设在步行街的两端

鸣喇叭	最低限速	单行路向左或向右	单行路直行
表示机动车行至该标志处必须鸣喇叭。此标志设在公路的急转弯处、陡坡等视线不良路段的起点	表示机动车驶入前方道路之最低时速限制。此标志设在高速公路或其他道路限速路段的起点	表示一切车辆向左或向右单向行驶。此标志设在单行路的路口和入口处的适当位置	表示一切车辆单向行驶。此标志设在单行路的路口和入口处的适当位置

干路先行	会车先行	人行横道	右转车道
表示干路先行。此标志设在车道以前适当位置	表示会车先行。此标志设在车道以前适当位置	表示该处为专供行人横穿马路的通道。此标志设在人行横道的两侧	表示车道的行驶方向。此标志设在导向车道以前适当位置

直行车道	直行和右转合用车道	分向行驶车道	公交线路专用车道

续表

表示车道的行驶方向。此标志设在导向车道以前适当位置	表示车道的行驶方向。此标志设在导向车道以前适当位置	表示车道的行驶方向。此标志设在导向车道以前适当位置	表示该车道专供本线路行驶的公交车辆行驶。此标志设在进入该车道的起点及各交叉路口入口处以前适当位置
机动车行驶	机动车车道	非机动车行驶	非机动车车道
表示机动车行驶。此标志设在道路或车道的起点及交叉路口入口处以前适当位置	表示该车道只供机动车行驶。此标志设在该车道的起点及交叉路口入口处以前适当位置。在标志无法正对车道时，可以不标注箭头	表示非机动车行驶。此标志设在道路或车道的起点及交叉路口入口处以前适当位置	表示该车道只供非机动车行驶。此标志设在该车道的起点及交叉路口入口处以前适当位置。在标志无法正对车道时，可以不标注箭头
允许掉头			
表示允许掉头。此标志设在允许机动车掉头路段的起点和路口以前适当位置			

（2）黄色：警告标志，警告车辆、行人注意危险地点。

十字交叉	T形交叉	T形交叉	T形交叉
除基本形十字路口外，还有部分变异的十字路口，如五路交叉路口、变形十字路口、变形五路交叉路口等。五路以上的路口均按十字路口对待	T形交叉标志原则上设在与交叉口形状相符的道路上。右侧T形交叉路口，此标志设在进入T形交叉路口以前适当位置	T形交叉标志原则上设在与交叉口形状相符的道路上。左侧T形交叉路口，此标志设在进入T形交叉路口以前适当位置	T形交叉标志原则上设在与交叉口形状相符的道路上。此标志设在进入T形交叉路口以前适当位置
Y形交叉	环形交叉	向左急弯路	向右急弯路
设在Y形路口以前适当位置	有的环形交叉路口，由于受线形限制或障碍物阻挡，此标志设在面对来车的路口的正面	表示向左急弯路。此标志设在左急转弯的道路前方适当位置	表示向右急弯路。此标志设在右急转弯的道路前方适当位置
反向弯路	连续弯路	上陡坡	下陡坡
此标志设在两个相邻的方向相反的弯路前适当位置	此标志设在有连续3个以上弯路的道路以前适当位置	此标志设在纵坡度在7%和市区纵坡度在大于4%的陡坡道路前适当位置	此标志设在纵坡度在7%和市区纵坡度在大于4%的陡坡道路前适当位置

续表

两侧变窄	右侧变窄	左侧变窄	窄桥
车行道两侧变窄主要是指沿道路中心线对称缩窄的道路。此标志设在窄路以前适当位置	表示车行道右侧缩窄。此标志设在窄路以前适当位置	表示车行道左侧缩窄。此标志设在窄路以前适当位置	此标志设在桥面宽度小于路面宽度的窄桥以前适当位置
双向交通	注意行人	注意儿童	注意牲畜
表示双向行驶的道路上，采取天然的或人工的隔离措施，把上下行交通完全分离，由于某种原因（施工、桥、隧道）形成无隔离的双向车道时，须设置此标志	一般设在郊外道路上划有人行横道的前方。城市道路上因人行横道线较多，可根据实际需要设置	此标志设在小学、幼儿园、少年宫、儿童游乐场等儿童频繁出入的场所或通道处	此标志设在经常有牲畜活动的路段，特别是视线不良的路段以前适当位置
注意信号灯	注意落石	注意落石	注意横风
此标志设在不易发现前方信号灯控制的路口前适当位置	此标志设在左侧有落石危险的傍山路段之前适当位置	此标志设在右侧有落石危险的傍山路段之前适当位置	此标志设在经常有很强的侧风并有必要引起注意的路段前适当位置

续表

易滑	傍山险路	傍山险路	堤坝路
此标志设在路面的摩擦系数不能满足相应行驶速度下要求紧急刹车距离的路段前适当位置。行驶至此路段必须减速慢行	此标志设在山区地势险要路段（道路外侧位陡壁、悬崖危险的路段）以前适当位置	此标志设在山区地势险要路段（道路外侧位陡壁、悬崖危险的路段）以前适当位置	此标志设在沿水库、湖泊、河流等堤坝路以前适当位置
堤坝路	村庄	隧道	渡口
此标志设在沿水库、湖泊、河流等堤坝路以前适当位置	此标志设在不易发现前方有村庄或小城镇的路段以前适当位置	此标志设在进入隧道前的适当位置	此标志设在汽车渡口以前适当位置。特别是有的渡口地形较复杂、道路条件较差，使用此标志能引起驾驶员谨慎驾驶、注意安全
驼峰桥	路面不平	过水路面	有人看守铁路道口

续表

此标志设在注意前方是拱度较大，不易发现对方来车，应靠右侧行驶并应减速慢行的适当位置	此标志设在路面不平的路段以前适当位置	此标志设在过水路面或漫水桥路段以前适当位置	此标志设在不易发现的道口以前适当位置

无人看守铁路道口	注意非机动车	事故易发路段	慢行
此标志设在道口以前适当位置	此标志设在混合行驶的道路并经常有非机动车横穿、出入的地点以前适当位置	此标志设在交通事故易发路段以前适当位置	此标志设在前方需要减速慢行的路段以前适当位置

左右绕行	左侧绕行	右侧绕行	施工
此标志表示有障碍物，须左右绕行，放置在路段前适当位置	此标志表示有障碍物，须左侧绕行，放置在路段前适当位置	此标志表示有障碍物，须右侧绕行，放置在路段前适当位置	此标志可作为临时标志，设在施工路段以前适当位置

注意危险	斜杠符号	斜杠符号	斜杠符号
此标志设在以上标志不能包括的其他危险路段以前适当位置	表示距无人看守铁路道口的距离为 50 m	表示距无人看守铁路道口的距离为 100 m	表示距无人看守铁路道口的距离为 150 m

（3）红色：禁令标志，禁止或限制车辆、行人。

禁止通行	禁止驶入	禁止机动车驶入	禁止载货机动车通行
表示禁止一切车辆和行人通行。此标志设在禁止通行的道路入口处	表示禁止车辆驶入。此标志设在禁止驶入的路段入口处	表示禁止各类机动车通行。此标志设在禁止机动车通行的路段入口处	表示禁止载货机动车通行。此标志设在禁止载货机动车通行的路段入口处

禁止三轮机动车通行	禁止大型客车通行	禁止小型客车通行	禁止汽车拖、挂车通行
表示禁止三轮机动车通行。此标志设在禁止三轮机动车通行的路段入口处	表示禁止大型客车通行。此标志设在禁止大型客车通行的路段入口处	表示禁止小型客车通行。此标志设在禁止小型客车通行的路段入口处	表示禁止汽车拖、挂车通行。此标志设在禁止汽车拖、挂车通行的路段入口处

禁止拖拉机通行	禁止农用车通行	禁止二轮摩托车通行	禁止某两种车通行
表示禁止拖拉机通行。此标志设在禁止拖拉机通行的路段入口处	表示禁止农用车通行。此标志设在禁止农用车通行的路段入口处	表示禁止二轮摩托车通行。此标志设在禁止二轮摩托车通行的路段入口处	表示禁止某两种车通行。此标志设在禁止某两种车通行的路段入口处

续表

 禁止非机动车通行	 禁止畜力车通行	 禁止人力货运三轮车通行	 禁止人力客运三轮车通行
表示禁止非机动车通行。此标志设在禁止非机动车通行的路段入口处	表示禁止畜力车通行。此标志设在禁止畜力车通行的路段入口处	表示禁止人力货运三轮车通行。此标志设在禁止人力货运三轮车通行的路段入口处	表示禁止人力客运三轮车通行。此标志设在禁止人力客运三轮车通行的路段入口处

禁止人力车通行	禁止骑自行车下坡	禁止骑自行车上坡	禁止行人通行
表示禁止人力车通行。此标志设在禁止人力车通行的路段入口处	表示禁止骑自行车下坡通行。此标志设在禁止骑自行车下坡通行的路段入口处	表示禁止骑自行车上坡通行。此标志设在禁止骑自行车上坡通行的路段入口处	表示禁止行人通行。此标志设在禁止行人通行的路段入口处

禁止向左转弯	禁止向右转弯	禁止直行	禁止向左向右转弯
表示前方路口禁止一切车辆向左转弯。此标志设在禁止向左转弯的路口前适当位置	表示前方路口禁止一切车辆向右转弯。此标志设在禁止向右转弯的路口前适当位置	表示前方路口禁止一切车辆直行。此标志设在禁止直行的路口前适当位置	表示前方路口禁止一切车辆向左向右转弯。此标志设在禁止向左向右转弯的路口前适当位置

续表

 禁止直行和向左转弯	 禁止直行和向右转弯	 禁止掉头	 禁止超车
表示前方路口禁止一切车辆直行和向左转弯。此标志设在禁止直行和向左转弯的路口前适当位置	表示前方路口禁止一切车辆直行和向右转弯。此标志设在禁止直行和向右转弯的路口前适当位置	表示前方路口禁止一切车辆掉头。此标志设在禁止掉头的路口前适当位置	表示该标志全前方解除禁止超车标志的路段内，不准机动车超车。此标志设在禁止超车的起点
 解除禁止超车	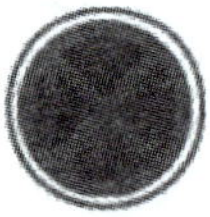 禁止车辆临时或长时停放	 禁止车辆长时停放	 禁止鸣喇叭
表示禁止超车路段结束。此标志设在禁止超车的终点	表示在限定的范围内，禁止一切车辆临时或长时停放。此标志设在禁止车辆停放的地方。禁止车辆停放的时间、车种和范围可用辅助标志说明	禁止车辆长时停放，临时停放不受限制。禁止车辆停放的时间、车种和范围可用辅助标志说明	表示禁止鸣喇叭。此标志设在需要禁止鸣喇叭的地方。禁止鸣喇叭的时间和范围可用辅助标志说明
 限制宽度	 限制高度	 限制质量	 限制轴重

续表

表示禁止装载宽度超过标志所示数值的车辆通行。此标志设在最大允许宽度受限制的地方。以图为例，装载宽度不得超过 3 m	表示禁止装载高度超过标志所示数值的车辆通行。此标志设在最大允许高度受限制的地方。以图为例，装载高度不得超过 3.5 m	表示禁止总质量超过标志所示数值的车辆通行。此标志设在需要限制车辆质量的桥梁两端。以图为例，装载总质量不得超过 10 t	表示禁止轴重超过标志所示数值的车辆通行。此标志设在需要限制车辆轴重的桥梁两端。以图为例，限制车辆轴重不得超过 7 t

限制速度	解除限制速度	停车检查	停车让行
表示该标志至前方限制速度标志的路段内，机动车行驶速度不得超过标志所示数值。此标志设在需要限制车辆速度路段的起点。以图为例，限制行驶速度不得超过 40 km/h	表示限制速度路段结束。此标志设在限制车辆速度路段的终点	表示机动车必须停车接受检查。此标志设在关卡将近处，以便要求车辆接受检查或办理缴费等手续。标志中可加注说明检查事项	表示车辆必须在停止线以外停车瞭望，确认安全后，才准许通行。停车让行标志在下列情况下设置：①与交通流量较大的干路平交的支路路口；②无人看守的铁路道口；③其他需要设置的地方

减速让行	会车让行	禁止运输危险物品车辆驶入	
表示车辆应减速让行，告示车辆驾驶员必须慢行或停车，观察干路行车情况，在确保干道车辆优先的前提下，认为安全时方可继续行进。此标志设在视线良好的交叉道路的次要路口	表示车辆会车时，必须停车让对方车先行。此标志设在会车有困难的狭窄路段的一端或由于某种原因只能开放一条车道作为双向通行路段的一端	表示禁止运输危险物品车辆驶入。此标志设在禁止运输危险物品车辆驶入路段的入口处	

（4）褐色：旅游标志。

云居寺 YUNJUSI	金山寺 JINSHANSI 2km	?		
 旅游区方向	 旅游区距离	 问询处	 徒步	 索道

野营地	营火	游戏场	骑马	钓鱼

高尔夫球	潜水	游泳	划船	冬季旅游区

滑雪	滑冰			

（5）黑白：辅助标志，为主要标志做进一步的解释或说明。

7:30 - 10:00	7:30 - 9:30 16:00 - 18:30	除公共 汽车外
 时间范围	 时间范围	 除公共汽车外

续表

 小型汽车	 货车	 货车、拖拉机
 向前 200 m	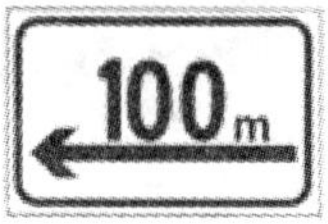 向左 100 m	 向左、向右各 50 m
 向右 100 m	 某区域内	 学校
 海关	 事故	 坍方
 公共汽车	 组合	 无轨电车
 租赁车	 出租车	

（6）道路施工安全标志：通告道路施工区通行的标志。

 前方施工	 前方施工	 道路施工
 道路封闭	 道路封闭	 道路封闭
 右道封闭	 右道封闭	 右道封闭
 左道封闭	 左道封闭	 左道封闭
 中间封闭	 中间封闭	 中间封闭
 车辆慢行	 向左行驶	 向右行驶
 向左改道	 向右改道	

第二节　道路通行规定

一、道路通行一般规定

（1）机动车、非机动车实行右侧通行。

（2）根据道路条件和通行需要，道路划分为机动车道、非机动车道和人行道的，机动车、非机动车、行人实行分道通行。没有划分机动车道、非机动车道和人行道的，机动车在道路中间通行，非机动车和行人在道路两侧通行。

（3）道路划设专用车道的，在专用车道内只准许规定的车辆通行，其他车辆不得进入专用车道内行驶。

（4）车辆、行人应当按照交通信号通行；遇有交通警察现场指挥时，应当按照交通警察的指挥通行；在没有交通信号的道路上，应当在确保安全、畅通的原则下通行。

（5）公安机关交通管理部门根据道路和交通流量的具体情况，可以对机动车、非机动车、行人采取疏导、限制通行、禁止通行等措施。遇有大型群众性活动、大范围施工等情况，需要采取限制交通的措施，或者作出与公众的道路交通活动直接有关的决定，应当提前向社会公告。

（6）遇有自然灾害、恶劣气象条件或者重大交通事故等严重影响交通安全的情形，采取其他措施难以保证交通安全时，公安机关交通管理部门可以实行交通管制。

（7）有关道路通行的其他具体规定，由国务院规定。

二、机动车通行规定

（1）机动车上道路行驶，不得超过限速标志标明的最高时速。在没有限速标志的路段，应当保持安全车速。

夜间行驶或者在容易发生危险的路段行驶，以及遇有沙尘、冰雹、雨、雪、雾、结冰等气象条件时，应当降低行驶速度。

（2）同车道行驶的机动车，后车应当与前车保持足以采取紧急制动措施的安全距离。有下列情形之一的，不得超车：

1）前车正在左转弯、掉头、超车的。

2）与对面来车有会车可能的。

3）前车为执行紧急任务的警车、消防车、救护车、工程救险车的。

4）行经铁路道口、交叉路口、窄桥、弯道、陡坡、隧道、人行横道、市区交通流量大的路段等没有超车条件的。

（3）机动车通过交叉路口，应当按照交通信号灯、交通标志、交通标线或者交通警察的指挥通过；通过没有交通信号灯、交通标志、交通标线或者交通警察指挥的交叉路口时，应当减速慢行，并让行人和优先通行的车辆先行。

（4）机动车遇有前方车辆停车排队等候或者缓慢行驶时，不得借道超车或者占用对面车道，不得穿插等候的车辆。

在车道减少的路段、路口，或者在没有交通信号灯、交通标志、交通标线或者交通警察指挥的交叉路口遇到停车排队等候或者缓慢行驶时，机动车应当依次交替通行。

（5）机动车通过铁路道口时，应当按照交通信号或者管理人员的指挥通行；没有交通信号或者管理人员的，应当减速或者停车，在确认安全后通过。

（6）机动车行经人行横道时，应当减速行驶；遇行人正在通过人行横道，应当停车让行。

机动车行经没有交通信号的道路时，遇行人横过道路，应当避让。

（7）机动车载物应当符合核定的载质量，严禁超载；载物的长、宽、高不得违反装载要求，不得遗洒、飘散载运物。

机动车运载超限的不可解体的物品，影响交通安全的，应当按照公安机关交通管理部门指定的时间、路线、速度行驶，悬挂明显标志。在公路上运载超限的不可解体的物品，并应当依照公路法的规定执行。

机动车载运爆炸物品、易燃易爆化学物品以及剧毒、放射性等危险物品，应当经公安机关批准后，按指定的时间、路线、速度行驶，悬挂警示标志并采取必要的安全措施。

（8）机动车载人不得超过核定的人数，客运机动车不得违反规定载货。

（9）禁止货运机动车载客。货运机动车需要附载作业人员的，应当设置保护作业人员的安全措施。

（10）机动车行驶时，驾驶人、乘坐人员应当按规定使用安全带，摩托车驾驶人及乘坐人员应当按规定戴安全头盔。

（11）机动车在道路上发生故障，需要停车排除故障时，驾驶人应当立即开启危险报警闪光灯，将机动车移至不妨碍交通的地方停放；难以移动的，应当持续开启危险报警闪光灯，并在来车方向设置警告标志等措施扩大示警距离，必要时迅速报警。

（12）警车、消防车、救护车、工程救险车执行紧急任务时，可以使用警报器、标志灯具；在确保安全的前提下，不受行驶路线、行驶方向、行驶速度和信号灯的限制，其他车辆和行人应当让行。

警车、消防车、救护车、工程救险车非执行紧急任务时，不得使用警报器、标志灯具，不享有以上规定的道路优先通行权。

（13）道路养护车辆、工程作业车进行作业时，在不影响过往车辆通行的前提下，其行驶路线和方向不受交通标志、标线限制，过往车辆和人员应当注意避让。

洒水车、清扫车等机动车应当按照安全作业标准作业；在不影响其他车辆通行的情况下，可以不受车辆分道行驶的限制，但是不得逆向行驶。

（14）高速公路、大中城市中心城区内的道路，禁止拖拉机通行。其他禁止拖拉机通行的道路，由省、自治区、直辖市人民政府根据当地实际情况规定。

在允许拖拉机通行的道路上，拖拉机可以从事货运，但是不得用于载人。

（15）机动车应当在规定地点停放。禁止在人行道上停放机动车。在道路上临时停车的，不得妨碍其他车辆和行人通行。

三、非机动车通行规定

（1）驾驶非机动车在道路上行驶应当遵守有关交通安全的规定。非机动车应当在非机动车道内行驶；在没有非机动车道的道路上，应当靠车行道的右侧行驶。

（2）残疾人机动轮椅车、电动自行车在非机动车道内行驶时，最高速度不得超过 15 km/h。

（3）非机动车应当在规定地点停放。未设停放地点的，非机动车停放不得妨碍其他车辆和行人通行。

（4）驾驭畜力车，应当使用驯服的牲畜；驾驭畜力车横过道路时，驾驭人应当下车牵引牲畜；驾驭人离开车辆时，应当拴系牲畜。

四、行人和乘车人通行规定

（1）行人应当在人行道内行走，没有人行道的靠路边行走。

（2）行人通过路口或者横过道路，应当走人行横道或者过街设施；通过有交通信号灯的人行横道，应当按照交通信号灯指示通行；通过没有交通信号灯、人行横道的路口，或者在没有过街设施的路段横过道路，应当在确认安全后通过。

（3）行人不得跨越、倚坐道路隔离设施，不得扒车、强行拦车或者实施妨碍道路交通安全的其他行为。

（4）学龄前儿童以及不能辨认或者不能控制自己行为的精神疾病患者、智力障碍者在道路上通行，应当由其监护人、监护人委托的人或者对其负有管理、保护职责的人带领。

盲人在道路上通行，应当使用盲杖或者采取其他导盲手段，车辆应当避让盲人。

（5）行人通过铁路道口时，应当按照交通信号或者管理人员的指挥通行；没有交通信号和管理人员的，应当在确认无火车驶临后，迅速通过。

（6）乘车人不得携带易燃易爆等危险物品，不得向车外抛洒物品，不得有影响驾驶人安全驾驶的行为。

五、高速公路的特别规定

（1）行人、非机动车、拖拉机、轮式专用机械车、铰接式客车、全挂拖斗车以及其他设计最高速度低于 70 km/h 的机动车，不得进入高速公路。高速公路限速标志标明的最高速度不得超过 120 km/h。

（2）机动车在高速公路上发生故障时，应当依照有关规定办理；但是，警告标志应当设置在故障车来车方向 150 m 以外，车上人员应当迅速转移到右侧路肩上或者应急车道内，并且迅速报警。

机动车在高速公路上发生故障或者交通事故，无法正常行驶的，应当由救援车、清障车拖曳、牵引。

（3）任何单位、个人不得在高速公路上拦截检查行驶的车辆，公安机关的人民警察依法执行紧急公务除外。

六、驾车文明行为指南

（1）驾车要注意安全，礼让他人。驾驶人在行车中，经常会遇到其他车辆违章行驶、占道抢行、强行超车等不讲文明礼貌的行为。此时，驾驶人应宽容、大度地礼让，保持冷静的心态：“宁可有理让无理，不可无理对无理”，尽量避免引起事端。

1）与其他人员发生争执时，应耐心申辩，不要带着情绪驾车。

2）遇违章超车和强行占道行驶的车辆，应注意避让。

3）发现前方道路或路口堵塞，应按顺序减速或停车，等前方路口疏通后或前方车辆开始行驶时，再尾随继续行驶。

4）山区行车，对方车辆主动让行时，可低声短促鸣喇叭以示谢意。

5）在狭窄的路段会车时，应做到礼让“三先”：先慢、先让、先停。遇到路口情况复杂时，应做到“宁停三分，不抢一秒”。

（2）助人为乐：

1）行车中发现需要援助的车辆时，应减速停车，给对方以帮助。

2）发现其他车辆陷入损坏路段而不能行驶时，应尽力给予帮助。

3）遇其他驾驶人向自己询问路线时，应耐心回答，实事求是。

4）前方遇有交通事故，需要帮助时，应减速停车，协助对方保护现场，并立即报警。

5）发现其他驾驶人的车辆有隐患、驾驶方法不正确时，应及时提醒对方，以防事故发生。

（3）文明行车。驾驶人在行车中，必须严格遵守法律，做到不开“英雄车”“冒险车”“赌气车”和“带病车”。

1）车辆行驶时，发现本车道前方的车辆行驶速度比较慢，应开启左转向灯，在不妨碍其他车道车辆行驶的情况下，变更车道超越；也可减速慢行，保持安全距离尾随其后。

2）车辆行驶时，发现后车示意超车，应减速慢行，靠边行驶，给对方让出超车空间。

3）准备超车时，发现后车示意超车，应停止超车，与前方车辆保持安全距离，或减速慢行，或变更车道。

4）超车时，发现前方车辆正在超车，应减速慢行，让前方车辆先超车。

5）当汽车经过积水路面时，应特别注意减速慢行，以免泥水飞溅到道路两侧行人身上。

6）经过不允许鸣喇叭的路段，应注意安全，不要鸣喇叭；行经没有禁止鸣喇叭的路段，尽可能少鸣喇叭，以免影响其他人的正常工作。

7）驾驶车辆通过有老人或儿童的路段，应减速慢行，确认安全后通过，以免行人受到惊吓发生意外。

8）驾驶人夏天不准穿拖鞋驾驶，既不礼貌，也不安全。

9）当与其他人员发生矛盾时，不要急躁，待情绪平静后再行车。

安全妙语“谨”上添花：

道路交通遵秩序　方便安全守规则
切莫大意违规范　车辆超载要不得

第三节　道路交通违法违规行为处罚

一、违反道路交通安全法处罚程序

1. 一般违法行为处罚

（1）公安机关交通管理部门及其交通警察对道路交通安全违法行为，应当及时纠正。

（2）公安机关交通管理部门及其交通警察应当依据事实和《中华人民共和国道路交通安全法》（以下简称《道路交通安全法》）的有关规定对道路交通安全违法行为予以处罚。对于情节轻微，未影响道路通行的，指出违法行为，给予口头警告后放行。

（3）对道路交通安全违法行为的处罚种类包括：警告、罚款、暂扣或者吊销机动车驾驶证、拘留。

（4）行人、乘车人、非机动车驾驶人违反道路交通安全法律、法规关于道路通行规定的，处警告或者 5 元以上 50 元以下罚款；非机动车驾驶人拒绝接受罚款处罚的，可以扣留其非机动车。

（5）机动车驾驶人违反道路交通安全法律、法规关于道路通行规定的，处警告或者 20 元以上 200 元以下罚款。

2. 酒后驾驶行为处罚

（1）饮酒后驾驶机动车的，处暂扣 6 个月机动车驾驶证，并处 1 000 元以上 2 000 元以下罚款。因饮酒后驾驶机动车被处罚，再次饮酒后驾驶机动车的，处 10 日以下拘留，并处 1 000 元以上 2 000 元以下罚款，吊销机动车驾驶证。

（2）醉酒驾驶机动车的，由公安机关交通管理部门约束至酒醒，吊销机动车驾驶证，依法追究刑事责任；5 年内不得重新取得机动车驾驶证。

（3）饮酒后驾驶营运机动车的，处 15 日拘留，并处 5 000 元罚款，吊销机动车驾驶证，5 年内不得重新取得机动车驾驶证。

（4）醉酒驾驶营运机动车的，由公安机关交通管理部门约束至酒醒，吊销机动车驾驶证，依法追究刑事责任；10 年内不得重新取得机动车驾驶证，重新取得机动车驾驶证后，不得驾驶营运机动车。

（5）饮酒后或者醉酒驾驶机动车发生重大交通事故，构成犯罪的，依法追究刑事责任，并由公安机关交通管理部门吊销机动车驾驶证，终生不得重新取得机动车驾驶证。

3. 超员超载行为处罚

（1）公路客运车辆载客超过额定乘员的，处 200 元以上 500 元以下罚款；超过额定乘员 20% 或者违反规定载货的，处 500 元以上 2 000 元以下罚款。

（2）货运机动车超过核定载质量的，处 200 元以上 500 元以下罚款；超过核定载质量 30% 或者违反规定载客的，处 500 元以上 2 000 元以下罚款。

（3）有前两种行为的，由公安机关交通管理部门扣留机动车至违法状态消除。

（4）运输单位的车辆有违法行为，经处罚不改的，对直接负责的主管人员处 2 000 元以上 5 000 元以下罚款。

4. 违规停车行为处罚

（1）对违反道路交通安全法律、法规关于机动车停放、临时停车规定的，可以指出违法行为，并予以口头警告，令其立即驶离。

（2）机动车驾驶人不在现场或者虽在现场但拒绝立即驶离，妨碍其他车辆、行人通行的，处 20 元以上 200 元以下罚款，并可以将该机动车拖移至不妨碍交通的地点或者公安机关交通管理部门指定的地点停放。公安机关交通管理部门拖车不得向当事人收取费用，并应当及时告知当事人停放地点。

5. 遮挡、伪造号牌行为处罚

（1）上道路行驶的机动车未悬挂机动车号牌，未放置检验合格标志、保险标志，或者未随车携带行驶证、驾驶证的，公安机关交通管理部门应当扣留机动车，通知当事人提供相应的牌证、标志或者补办相应手续，并可以依照《道路交通安全法》第九十条的规定予以处罚。当事人提供相应的牌证、标志或者补办相应手续的，应当及时退还机动车。

（2）故意遮挡、污损或者不按规定安装机动车号牌的，依照

《道路交通安全法》第九十条的规定予以处罚。

（3）伪造、变造或者使用伪造、变造的机动车登记证书、号牌、行驶证、驾驶证的，由公安机关交通管理部门予以收缴，扣留该机动车，处15日以下拘留，并处2 000元以上5 000元以下罚款；构成犯罪的，依法追究刑事责任。

（4）伪造、变造或者使用伪造、变造的检验合格标志、保险标志的，由公安机关交通管理部门予以收缴，扣留该机动车，处10日以下拘留，并处1 000元以上3 000元以下罚款；构成犯罪的，依法追究刑事责任。

（5）使用其他车辆的机动车登记证书、号牌、行驶证、检验合格标志、保险标志的，由公安机关交通管理部门予以收缴，扣留该机动车，处2 000元以上5 000元以下罚款。

（6）当事人提供相应的合法证明或者补办相应手续的，应当及时退还机动车。

（7）非法安装警报器、标志灯具的，由公安机关交通管理部门强制拆除，予以收缴，并处200元以上2 000元以下罚款。

6. 未缴纳交通强制保险行为处罚

机动车所有人、管理人未按照国家规定投保机动车第三者责任强制保险的，由公安机关交通管理部门扣留车辆至依照规定投保后，并处依照规定投保最低责任限额应缴纳的保险费的两倍罚款。

7. 驾驶过程中出现较严重过错行为处罚

有下列行为之一的，由公安机关交通管理部门处200元以上

2 000 元以下罚款：

（1）未取得机动车驾驶证、机动车驾驶证被吊销或者机动车驾驶证被暂扣期间驾驶机动车的。

（2）将机动车交由未取得机动车驾驶证或者机动车驾驶证被吊销、暂扣的人驾驶的。

（3）造成交通事故后逃逸，尚不构成犯罪的。

（4）机动车行驶超过规定时速 50% 的。

（5）强迫机动车驾驶人违反道路交通安全法律、法规和机动车安全驾驶要求驾驶机动车，造成交通事故，尚不构成犯罪的。

（6）违反交通管制的规定强行通行，不听劝阻的。

（7）故意损毁、移动、涂改交通设施，造成危害后果，尚不构成犯罪的。

（8）非法拦截、扣留机动车辆，不听劝阻，造成交通严重阻塞或者较大财产损失的。

行为人有上述（2）、（4）情形之一的，可以并处吊销机动车驾驶证；有上述（1）、（3）、（5）~（8）情形之一的，可以并处 15 日以下拘留。

8. 驾驶拼装、报废车辆行为处罚

（1）驾驶拼装的机动车或者已达到报废标准的机动车上道路行驶的，公安机关交通管理部门应当予以收缴，强制报废。

（2）对驾驶拼装或达到报废标准的机动车上道路行驶的驾驶人，处 200 元以上 2 000 元以下罚款，并吊销机动车驾驶证。

（3）出售已达到报废标准的机动车的，没收违法所得，处销售金额等额的罚款，对该机动车予以收缴。

9. 出现重大事故行为处罚

（1）违反道路交通安全法律、法规的规定，发生重大交通事故，构成犯罪的，依法追究刑事责任，并由公安机关交通管理部门吊销机动车驾驶证。

（2）造成交通事故后逃逸的，由公安机关交通管理部门吊销机动车驾驶证，且终生不得重新取得机动车驾驶证。

（3）对 6 个月内发生两次以上特大交通事故负有主要责任或者全部责任的专业运输单位，由公安机关交通管理部门责令消除安全隐患，未消除安全隐患的机动车，禁止上道路行驶。

10. 擅自侵占、破坏道路行为处罚

（1）未经批准，擅自挖掘道路、占用道路施工或者从事其他影响道路交通安全活动的，由道路主管部门责令停止违法行为，并恢复原状，可以依法给予罚款；致使通行的人员、车辆及其他财产遭受损失的，依法承担赔偿责任。

（2）影响道路交通安全活动的，公安机关交通管理部门可以责令停止违法行为，迅速恢复交通。

（3）道路施工作业或者道路出现损毁，未及时设置警示标志、未采取防护措施，或者应当设置交通信号灯、交通标志、交通标线而没有设置或者应当及时变更交通信号灯、交通标志、交通标线而没有及时变更，致使通行的人员、车辆及其他财产遭受损失的，负有相关职责的单位应当依法承担赔偿责任。

（4）在道路两侧及隔离带上种植树木、其他植物或者设置广告牌、管线等，遮挡路灯、交通信号灯、交通标志，妨碍安全视

距的，由公安机关交通管理部门责令行为人排除妨碍；拒不执行的，处200元以上2 000元以下罚款，并强制排除妨碍，所需费用由行为人负担。

11. 处罚罚金的缴纳细则

（1）对道路交通违法行为人予以警告、200元以下罚款，交通警察可以当场作出行政处罚决定，并出具行政处罚决定书。

（2）行政处罚决定书应当载明当事人的违法事实、行政处罚的依据、处罚内容、时间、地点以及处罚机关名称，并由执法人员签名或者盖章。

（3）当事人应当自收到罚款的行政处罚决定书之日起15日内，到指定的银行缴纳罚款。

（4）对行人、乘车人和非机动车驾驶人的罚款，当事人无异议的，可以当场予以收缴罚款。

（5）罚款应当开具省、自治区、直辖市财政部门统一制发的罚款收据；不出具财政部门统一制发的罚款收据的，当事人有权拒绝缴纳罚款。

（6）当事人逾期不履行行政处罚决定的，作出行政处罚决定的行政机关可以采取下列措施：

1）到期不缴纳罚款的，每日按罚款数额的3%加处罚款。

2）申请人民法院强制执行。

（7）执行职务的交通警察认为应当对道路交通违法行为人给予暂扣或者吊销机动车驾驶证处罚的，可以先予扣留机动车驾驶证，并在24 h内将案件移交公安机关交通管理部门处理。

（8）道路交通违法行为人应当在15日内到公安机关交通管理

部门接受处理。无正当理由逾期未接受处理的，吊销机动车驾驶证。

（9）公安机关交通管理部门暂扣或者吊销机动车驾驶证的，应当出具行政处罚决定书。

（10）对违反《道路交通安全法》规定予以拘留的行政处罚，由县、市公安局、公安分局或者相当于县一级的公安机关裁决。

（11）公安机关交通管理部门扣留机动车、非机动车，应当当场出具凭证，并告知当事人在规定期限内到公安机关交通管理部门接受处理。

（12）公安机关交通管理部门对被扣留的车辆应当妥善保管，不得使用。逾期不来接受处理，并且经公告 3 个月仍不来接受处理的，对扣留的车辆依法处理。

（13）暂扣机动车驾驶证的期限从处罚决定生效之日起计算；处罚决定生效前先予扣留机动车驾驶证的，扣留一日折抵暂扣期限一日。

（14）吊销机动车驾驶证后重新申请领取机动车驾驶证的期限，按照机动车驾驶证管理规定办理。

（15）公安机关交通管理部门根据交通技术监控记录资料，可以对违法的机动车所有人或者管理人依法予以处罚。对能够确定驾驶人的，可以依照《道路交通安全法》的规定依法予以处罚。

二、违反交通规则处罚分值

（1）机动车驾驶人有下列违法行为之一，一次记 12 分：

1）驾驶与准驾车型不符的机动车的。

2）饮酒后驾驶机动车的。

3）驾驶营运客车（不包括公共汽车）、校车载人超过核定人数 20% 以上的。

4）造成交通事故后逃逸，尚不构成犯罪的。

5）上道路行驶的机动车未悬挂机动车号牌的，或者故意遮挡、污损、不按规定安装机动车号牌的。

6）使用伪造、变造的机动车号牌、行驶证、驾驶证、校车标牌或者使用其他机动车号牌、行驶证的。

7）驾驶机动车在高速公路上倒车、逆行、穿越中央分隔带掉头的。

8）驾驶营运客车在高速公路车道内停车的。

9）驾驶中型以上载客载货汽车、校车、危险物品运输车辆在高速公路、城市快速路上行驶超过规定时速 20% 以上或者在高速公路、城市快速路以外的道路上行驶超过规定时速 50% 以上，以及驾驶其他机动车行驶超过规定时速 50% 以上的。

10）连续驾驶中型以上载客汽车、危险物品运输车辆超过 4 h 未停车休息或者停车休息时间少于 20 min 的。

11）未取得校车驾驶资格驾驶校车的。

（2）机动车驾驶人有下列违法行为之一，一次记 6 分：

1）机动车驾驶证被暂扣期间驾驶机动车的。

2）驾驶机动车违反道路交通信号灯通行的。

3）驾驶营运客车（不包括公共汽车）、校车载人超过核定人数未达 20% 的，或者驾驶其他载客汽车载人超过核定人数 20% 以上的。

4）驾驶中型以上载客载货汽车、校车、危险物品运输车辆在高速公路、城市快速路上行驶超过规定时速未达 20% 的。

5）驾驶中型以上载客载货汽车、校车、危险物品运输车辆在高速公路、城市快速路以外的道路上行驶或者驾驶其他机动车行驶超过规定时速 20% 以上未达到 50% 的。

6）驾驶货车载物超过核定载质量 30% 以上或者违反规定载客的。

7）驾驶营运客车以外的机动车在高速公路车道内停车的。

8）驾驶机动车在高速公路或者城市快速路上违法占用应急车道行驶的。

9）低能见度气象条件下，驾驶机动车在高速公路上不按规定行驶的。

10）驾驶机动车运载超限的不可解体的物品，未按指定的时间、路线、速度行驶或者未悬挂明显标志的。

11）驾驶机动车载运爆炸物品、易燃易爆化学物品以及剧毒、放射性等危险物品，未按指定的时间、路线、速度行驶或者未悬挂警示标志并采取必要的安全措施的。

12）以隐瞒、欺骗手段补领机动车驾驶证的。

13）连续驾驶中型以上载客汽车、危险物品运输车辆以外的机动车超过 4 h 未停车休息或者停车休息时间少于 20 min 的。

14）驾驶机动车不按照规定避让校车的。

（3）机动车驾驶人有下列违法行为之一，一次记 3 分：

1）驾驶营运客车（不包括公共汽车）、校车以外的载客汽车载人超过核定人数未达 20% 的。

2）驾驶中型以上载客载货汽车、危险物品运输车辆在高速公路、城市快速路以外的道路上行驶或者驾驶其他机动车行驶超过规定时速未达 20% 的。

3）驾驶货车载物超过核定载质量未达 30% 的。

4）驾驶机动车在高速公路上行驶低于规定最低时速的。

5）驾驶禁止驶入高速公路的机动车驶入高速公路的。

6）驾驶机动车在高速公路或者城市快速路上不按规定车道行驶的。

7）驾驶机动车行经人行横道，不按规定减速、停车、避让行人的。

8）驾驶机动车违反禁令标志、禁止标线指示的。

9）驾驶机动车不按规定超车、让行的，或者逆向行驶的。

10）驾驶机动车违反规定牵引挂车的。

11）在道路上车辆发生故障、事故停车后，不按规定使用灯光和设置警告标志的。

12）上道路行驶的机动车未按规定定期进行安全技术检验的。

（4）机动车驾驶人有下列违法行为之一，一次记 2 分：

1）驾驶机动车行经交叉路口不按规定行车或者停车的。

2）驾驶机动车有拨打、接听手持电话等妨碍安全驾驶的行为的。

3）驾驶二轮摩托车，不戴安全头盔的。

4）驾驶机动车在高速公路或者城市快速路上行驶时，驾驶人未按规定系安全带的。

5）驾驶机动车遇前方机动车停车排队或者缓慢行驶时，借道超车或者占用对面车道、穿插等候车辆的。

6）不按照规定为校车配备安全设备，或者不按照规定对校车进行安全维护的。

7）驾驶校车运载学生，不按照规定放置校车标牌、开启校车标志灯，或者不按照经审核确定的线路行驶的。

8）校车上下学生，不按照规定在校车停靠站点停靠的。

9）校车未运载学生上道路行驶，使用校车标牌、校车标志灯和停车指示标志的。

10）驾驶校车上道路行驶前，未对校车车况是否符合安全技术要求进行检查，或者驾驶存在安全隐患的校车上道路行驶的。

11）在校车载有学生时给车辆加油，或者在校车发动机引擎熄灭前离开驾驶座位的。

（5）机动车驾驶人有下列违法行为之一，一次记1分：

1）驾驶机动车不按规定使用灯光的。

2）驾驶机动车不按规定会车的。

3）驾驶机动车载货长度、宽度、高度超过规定的。

4）上道路行驶的机动车未放置检验合格标志、保险标志，未随车携带行驶证、机动车驾驶证的。

安全妙语“谨”上添花：

违规驾驶很可怕　行为危及你我他

一旦出事真后悔　交警铁面要处罚

第三章

道路交通应急处理

第一节　交通事故现场处置

一、交通事故报警范围

道路交通事故有下列情形之一的，当事人应当保护现场并立即报警：

（1）造成人员死亡、受伤的。

（2）发生财产损失事故，当事人对事实或者成因有争议的，以及虽然对事实或者成因无争议，但协商损害赔偿未达成协议的。

（3）机动车无号牌、无检验合格标志、无保险标志的。

（4）载运爆炸物品、易燃易爆化学物品以及毒害性、放射性、腐蚀性、传染病病原体等危险物品车辆的。

（5）碰撞建筑物、公共设施或者其他设施的。

（6）驾驶人无有效机动车驾驶证的。

（7）驾驶人有饮酒、服用国家管制的精神药品或者麻醉药品嫌疑的。

（8）当事人不能自行移动车辆的。

发生财产损失事故，并具有上述（2）~（5）情形之一，车辆可以移动的，当事人可以在报警后，在确保安全的原则下对现场拍照或者标划停车位置，将车辆移至不妨碍交通的地点等候处理。

公路上发生道路交通事故的，驾驶人必须在确保安全的原则下，立即组织车上人员疏散到路外安全地点，避免发生次生事故。驾驶人已因道路交通事故死亡或者受伤无法行动的，车上其他人员应当自行组织疏散。

全国道路交通事故的报警电话是“112”或“110”。

二、交通事故的受理程序

（1）公安机关及其交通管理部门接到道路交通事故报警，应当记录下列内容：

1）报警方式、报警时间、报警人姓名、联系方式，电话报警的，还应当记录报警电话。

2）发生道路交通事故时间、地点。

3）人员伤亡情况。

4）车辆类型、车辆牌号，是否载有危险物品、危险物品的种类等。

5）涉嫌交通肇事逃逸的，还应当询问并记录肇事车辆的车型、颜色、特征及其逃逸方向、逃逸驾驶人的体貌特征等有关情况。

报警人不报姓名的，应当记录在案。报警人不愿意公开姓名的，应当为其保密。

（2）公安机关交通管理部门接到道路交通事故报警或者出警指令后，应当按照规定立即派交通警察赶赴现场。

1）有人员伤亡或者其他紧急情况的，应当及时通知急救、医疗、消防等有关部门。

2）发生一次死亡 3 人以上事故或者其他有重大影响的道路交通事故，应当立即向上一级公安机关交通管理部门报告，并通过所属公安机关报告当地人民政府。

3）涉及营运车辆的，通知当地人民政府有关行政管理部门。

4）涉及爆炸物品、易燃易爆化学物品以及毒害性、放射性、腐蚀性、传染病病原体等危险物品的，应当立即通过所属公安机关报告当地人民政府，并通报有关部门及时处理。

5）造成道路、供电、通讯等设施损毁的，应当通报有关部门及时处理。

（3）当事人未在道路交通事故现场报警，事后请求公安机关交通管理部门处理的，公安机关交通管理部门应当按照规定予以记录，并在3日内作出是否受理的决定。

1）经核查道路交通事故事实存在的，公安机关交通管理部门应当受理，并告知当事人。

2）经核查无法证明道路交通事故事实存在，或者不属于公安机关交通管理部门管辖的，应当书面告知当事人，并说明理由。

安全妙语“谨”上添花：

发生事故要报警　　条理分明事实清
抢救伤者须及时　　挪车让道保畅行

第二节　简易程序处理交通事故

机动车与机动车、机动车与非机动车发生财产损失事故，当事人对事实及成因无争议的，可以自行协商处理损害赔偿事宜。车辆可以移动的，当事人应当在确保安全的原则下对现场拍照或者标划事故车辆现场位置后，立即撤离现场，将车辆移至不妨碍交通的地点，再进行协商。

（1）非机动车与非机动车或者行人发生财产损失事故，基本事实及成因清楚的，当事人应当先撤离现场，再协商处理损害赔偿事宜。

（2）对应当自行撤离现场而未撤离的，交通警察应当责令当事人撤离现场；造成交通堵塞的，对驾驶人处以200元罚款；驾

驶人有其他道路交通安全违法行为的，依法一并处罚。

（3）当事人自行协商达成协议的，填写道路交通事故损害赔偿协议书，并共同签名。损害赔偿协议书内容包括事故发生的时间、地点、天气、当事人姓名、机动车驾驶证号、联系方式、机动车种类和号牌、保险凭证号、事故形态、碰撞部位、赔偿责任等内容。

（4）对仅造成人员轻微伤或者财产损失事故，公安机关交通管理部门可以适用简易程序处理，但是有交通肇事犯罪嫌疑的除外。

（5）适用简易程序的，可以由一名交通警察处理。

（6）交通警察适用简易程序处理道路交通事故时，应当在固定现场证据后，责令当事人撤离现场，恢复交通。拒不撤离现场的，予以强制撤离；对当事人不能自行移动车辆的，交通警察应当将车辆移至不妨碍交通的地点。

（7）撤离现场后，交通警察应当根据现场固定的证据和当事人、证人叙述等，认定并记录道路交通事故发生的时间、地点、天气、当事人姓名、机动车驾驶证号、联系方式、机动车种类和号牌、保险凭证号、交通事故形态、碰撞部位等，并根据当事人的行为对发生道路交通事故所起的作用以及过错的严重程度，确定当事人的责任，制作道路交通事故认定书，由当事人签名。

（8）当事人共同请求调解的，交通警察应当当场进行调解，并在道路交通事故认定书上记录调解结果，由当事人签名，交付当事人。

（9）有下列情形之一的，不适用调解，交通警察可以在道路交通事故认定书上载明有关情况后，将道路交通事故认定书交付当事人：

1）当事人对道路交通事故认定有异议的。

2）当事人拒绝在道路交通事故认定书上签名的。

3）当事人不同意调解的。

安全妙语"谨"上添花：

发生事故不要慌　　损失不大先协商
复杂程序简易办　　双方省时不着忙

第三节　一般程序处理交通事故

一、交通事故现场处置

（1）交通警察到达事故现场后，应当立即进行下列工作：

1）划定警戒区域，在安全距离位置放置发光或者反光锥筒和警告标志，确定专人负责现场交通指挥和疏导，维护良好道路通行秩序。因道路交通事故导致交通中断或者现场处置、勘查需要采取封闭道路等交通管制措施的，还应当在事故现场来车方向提前组织分流，放置绕行提示标志，避免发生交通堵塞。

2）组织抢救受伤人员。

3）指挥勘查、救护等车辆停放在便于抢救和勘查的位置，开启警灯，夜间还应当开启危险报警闪光灯和示廓灯。

4）查找道路交通事故当事人和证人，控制肇事嫌疑人。

（2）道路交通事故造成人员死亡的，应当经急救、医疗人员确认，并由医疗机构出具死亡证明。尸体应当存放在殡葬服务单位或者有停尸条件的医疗机构。

（3）交通警察应当对事故现场进行调查，做好下列工作：

1）勘查事故现场，查明事故车辆、当事人、道路及其空间关系和事故发生时的天气情况。

2）固定、提取或者保全现场证据材料。

3）查找当事人、证人进行询问，并制作询问笔录。

4）其他调查工作。

（4）交通警察勘查道路交通事故现场，应当按照有关法规和标准的规定，拍摄现场照片，绘制现场图，提取痕迹、物证，制作现场勘查笔录。发生一次死亡 3 人以上道路交通事故的，应当进行现场摄像。

1）现场图、现场勘查笔录应当由参加勘查的交通警察、当事人或者见证人签名。

2）当事人、见证人拒绝签名或者无法签名以及无见证人的，应当记录在案。

（5）痕迹或者证据可能因时间、地点、气象等原因导致灭失的，交通警察应当及时固定、提取或者保全。

1）车辆驾驶人有饮酒或者服用国家管制的精神药品、麻醉药品嫌疑的，公安机关交通管理部门应当按照《道路交通安全违法行为处理程序规定》及时抽血或者提取尿样，送交有检验资格的机构进行检验。

2）车辆驾驶人当场死亡的，应当及时抽血检验。

（6）交通警察应当检查当事人的身份证件、机动车驾驶证、机动车行驶证、保险标志等；对交通肇事嫌疑人可以依法传唤。

（7）交通警察勘查事故现场完毕后，应当清点并登记现场遗留物品，迅速组织清理现场，尽快恢复交通。

1）现场遗留物品能够现场发还的，应当现场发还并做记录。

2）现场无法确定所有人的，应当妥善保管，待所有人确定后，及时发还。

（8）因收集证据的需要，公安机关交通管理部门可以扣留事故车辆及机动车行驶证，并开具行政强制措施凭证。扣留的车辆及机动车行驶证应当妥善保管。

1）公安机关交通管理部门不得扣留事故车辆所载货物。

2）对所载货物在核实重量、体积及货物损失后，通知机动车驾驶人或者货物所有人自行处理。

3）无法通知当事人或者当事人不自行处理的，按照《公安机关办理行政案件程序规定》的有关规定办理。

（9）因收集证据的需要，公安机关交通管理部门可以扣押与事故有关的物品，并开具扣押物品清单一式两份，一份交给被扣押物品的持有人，一份附卷。

1）扣押的物品应当妥善保管。

2）扣押期限不得超过 30 日，案情重大、复杂的，经本级公安机关负责人或者上一级公安机关交通管理部门负责人批准可以延长 30 日；法律、法规另有规定的除外。

（10）公安机关交通管理部门经过现场调查认为不属于道路交通事故的，应当书面通知当事人，并将案件移送有关部门或者告知当事人处理途径。

1）公安机关交通管理部门在调查过程中发现当事人有交通肇事犯罪嫌疑的，应当按照《公安机关办理刑事案件程序规定》立案侦查。

2）发现当事人有其他违法犯罪嫌疑的，应当及时移送有关部门，移送不影响事故的调查和处理。

（11）投保机动车交通事故责任强制保险的车辆发生道路交通事故，因抢救受伤人员需要保险公司支付抢救费用的，公安机关交通管理部门书面通知保险公司。

抢救受伤人员需要道路交通事故社会救助基金垫付费用的，公安机关交通管理部门书面通知道路交通事故社会救助基金管理机构。

二、交通肇事逃逸查缉

（1）公安机关交通管理部门应当根据管辖区域和道路情况，制定交通肇事逃逸案件查缉预案。

发生交通肇事逃逸案件后，公安机关交通管理部门应当根据当事人陈述、证人证言、交通事故现场痕迹、遗留物等线索，及时启动查缉预案，布置堵截和查缉。

（2）案发地公安机关交通管理部门可以通过发协查通报、向社会公告等方式要求协查、举报交通肇事逃逸车辆或者侦破线索。发出协查通报或者向社会公告时，应当提供交通肇事逃逸案件基本事实、交通肇事逃逸车辆情况、特征及逃逸方向等有关情况。

（3）接到协查通报的公安机关交通管理部门，应当立即布置堵截或者排查。发现交通肇事逃逸车辆或者嫌疑车辆的，应当予以扣留，依法传唤交通肇事逃逸人或者与协查通报相符的嫌疑人，并及时将有关情况通知案发地公安机关交通管理部门。案发地公安机关交通管理部门应当立即派交通警察前往办理移交。

（4）公安机关交通管理部门查获交通肇事逃逸车辆后，应当按原范围发出撤销协查通报。

（5）公安机关交通管理部门侦办交通肇事逃逸案件期间，交通肇事逃逸案件的受害人及其家属向公安机关交通管理部门询问案件侦办情况的，公安机关交通管理部门应当告知。

安全妙语"谨"上添花：

发生事故别着急　调查处理依程序
犯了错误要担责　造假逃逸不可取

第四节　事故现场应急处理

事故现场若发生伤亡，应采取以下措施：

（1）先救命后治伤，昏迷的伤员先救治。受伤者在车内无法自行下车时，可设法将其从车内移出，尽量避免二次受伤。

（2）紧急情况下急救伤员时，须先用压迫法止血，然后再根据出血情况改用其他止血法。在没有绷带急救伤员的情况下，可用毛巾、手帕、床单、长筒尼龙袜等代替绷带包扎。

（3）救助有害气体中毒伤员的急救措施是，将伤员移到有新鲜空气的地方。

（4）抢救失血伤员时，应先进行止血。处理伤员失血的措施是，通过外部施压使伤口流血止住，然后系上绷带。伤员动脉出血时，可采用指压止血法，用拇指压住伤口的近心端动脉，达到快速止血的目的。

（5）关节损伤（扭伤、脱臼、骨折）的伤员，应避免活动，用硬质担架运送。伤员大腿、小腿和脊椎骨折时，一般应就地固定，不要随便移动伤者。骨折伤员固定伤处力求稳妥牢固，要固定骨折的两端和上下两个关节。

（6）救助休克伤员时，应采取保暖措施，防止热损耗。烧伤伤员口渴时，可喝少量的淡盐水。

安全妙语“谨”上添花：

出现事故先别慌　　应急处置细思量
路遇危急伸援手　　急救措施要适当

第四章

特殊条件行车安全常识

第一节 夜间安全驾驶

一、夜间驾驶的特点

1. 驾驶员的视力变差，视野变窄

夜间驾驶，由于灯光照射范围和亮度有限，对驾驶员的视力等会有以下影响：

（1）对事物的观察明显比白天差，视距变短。

（2）灯光照射的范围小，横、纵视野受限。

（3）易产生视觉障碍和疲劳。

（4）在昏暗的灯光下，眼睛调整需要时间。

（5）闪光或遇到对向灯光照射后，短时间内看不清前方道路情况。

2. 驾驶员的观察力和判断力降低

进入夜间后，驾驶员的兴奋度较差，有的人处于半清醒状态，相比之下，夜间行车比白天行车容易发生交通事故。

在上述精神状态下夜间驾驶，有两种情况容易发生车祸：

（1）驾驶员以前方大型慢速行进车辆的尾灯为目标快速追超，由于目测不准，等到发觉跟得过近已来不及采取措施，容易发生追尾。

（2）亮着尾灯的车辆停靠于路边（肩），后方驶来的车辆因判断失误而造成追尾。

二、夜间行车车速控制

1. 夜间灯光照明与车速的关系

车速在 30 km/h 以内，可使用近光灯（灯光须照出 30 m 以外）；车速超过 30 km/h，应使用远光灯（灯光须照出 100 m 以外）。

2. 行车速度的控制

夜间行驶或者在容易发生危险的路段行驶，或遇有沙尘、冰雹、雨、雪、雾、结冰等气象条件时，最重要的是控制速度，应当降低行驶速度。

（1）由于视线仅限于前照灯的照射范围，在灯光照射以外的区域很难发现行人，因此要减速行驶。

（2）由于对面来车的灯光会造成眩目而看不清前方的交通情况，应将视线右移避开对面来车的灯光，并减速行驶。

三、夜间灯光的使用

夜间灯光有照明和信号两方面的作用，应按规定正确使用。

1. 基本要求

（1）起步前先打开车灯，看清道路及周边情况，确认安全后再起步；停车时，待停稳后再关灯。

（2）夜间通过没有路灯或路灯照明不良时，应当使用远光灯，但对面有来车或跟车行驶，不得使用远光灯。

2. 会车时灯光的使用

在没有中心隔离设施或者没有中心线的道路上，机动车夜间会车时应当在距对向来车 150 m 以外改用近光灯，若对方不关远光灯，应连续变光提示对向来车，同时，减速靠右行驶或停车。

在窄路、窄桥与非机动车会车时，应当使用近光灯。

3. 夜间超车

夜间行车，要避免超车。需要超车时，使用灯光对前车驾驶人进行提示。在跟近前车后，连续变换远、近光灯，在确认前车让路后方可超越。当对面来车时，要切换成近光灯。

4. 路面情况的判断

（1）灯光照射由远及近：

1）驶进一侧有山体或屏障的弯道。

2）到达起伏的低谷段。

3）驶近或驶入上坡道。

（2）灯光照射距离由近变远：

1）即将由弯道进入直线道。

2）下坡时，即将由缓坡驶入陡坡。

3）即将进入下坡道。

（3）灯光照射离开路面：

1）前方急转弯或面临大坑。

2）上坡车已驶到坡顶。

（4）灯光照射由路中移到路侧：

1）前方出现一般弯道。

2）进入连续弯道，灯光随之从道路的一侧移到另一侧。

（5）前方出现黑影：

1）驶近时，若黑影逐渐消失，说明路面有浅小坑。

2）驶近时，若黑影不消失，说明路面有深坑大洼。

（6）汽车行驶到视线差的地段。车辆行驶到视线较差的交叉路口和弯道前时，应降低车速并变换远、近光灯，以使其他车辆和行人知道来车。

安全妙语"谨"上添花：

夜间行车须谨慎　　精神疲惫难集中
灯光受限视野差　　全力以赴平安行

第二节　高速公路驾驶

一、安全驶入高速公路

（1）驾驶车辆驶入高速公路收费口时，应选择绿灯亮的入口，依次排队通行。

（2）进入收费口处，将车身靠近收费亭，停车应使驾驶室车窗与收费亭窗口对齐，以便交接通行卡或通行费。

（3）车辆驶过高速公路收费口后，应根据指路标志选择合适的匝道口。驶入确定匝道口后，迅速提高车速，但不得超过标志限定的速度；在匝道上不准超车、掉头、停车和倒车。

（4）驾驶车辆从匝道进入高速公路加速后，应打开左转向灯，尽快将车速提高到 60 km/h 以上，并仔细观察行车道上行驶车辆的情况以选择驶入时机，不准在加速车道紧急制动或停车。

（5）驾驶车辆驶入高速公路加速车道后，应根据行车道的情况选择驶入时机。行车道车辆稀少时，可从正常行驶车辆后驶入行车道；遇高速公路正常行驶车辆尾随相距较近时，应控制好车速，在所有车辆通过后再驶入行车道，不能迅速从中间插入。

二、高速公路安全行车

1. 分道行驶

（1）在高速公路上行车时，应严格按规定选择行驶车道，不得在紧急停车带或路肩上行车。

（2）在同向两车道的高速公路上行车，车速低于 100 km/h 时，应在右侧车道上行驶。

（3）在同向三车道的高速公路上行车，最右侧车道的最低车速为 60 km/h，车速高于 90 km/h 的车辆应在中间车道上行驶，车速高于 110 km/h 的车辆应在最左侧车道上行驶。

（4）在同向四车道的高速公路上行车，车速高于 90 km/h 的车辆应在中间两条车道上行驶，车速高于 110 km/h 的车辆应在最左侧车道上行驶。

2. 速度控制

（1）车辆在高速公路上行驶时，要通过车速表确认车速。长时间高速行驶，驾驶人对车速的感觉变得迟钝，仅凭感觉不能准确地判断车速。

（2）在高速公路上行车，应根据行驶速度、天气和道路情况保持安全距离。

3. 安全距离

（1）车辆在高速公路上超车，车速为 100 km/h 时，最小横向间距应为 1.5 m。

（2）高速公路每隔一段距离，设有专供驾驶人确认安全距离使用的路段和标志牌，该路段用于驾驶人确认车速在 100 km/h 时的安全距离。车辆在高速公路上以 100 km/h 的速度行驶时，100 m 为安全距离，50 m 为危险车距。

4. 变更车道

车辆在高速公路上行驶，不得频繁地变更车道。确需变更车道时，应提前开启转向灯，注意观察道路标志、标牌和路面情况。确认安全后，缓转方向盘，驶入需要变更的车道。

5. 通过隧道

（1）车辆通过高速公路隧道时，应在距隧道 50 m 左右打开前照灯、示廓灯、后位灯，以便观察隧道内的道路情况以及引起后方车辆的注意。

（2）驶出隧道口时，可能会受到横风的袭击，会明显出现方向偏移，此时应握稳方向盘，控制好行驶路线。

6. 高速公路行车注意事项

（1）如果因疏忽驶过出口，应继续向前行驶，寻找下一个出口或立交桥驶出高速公路或掉头。不得紧急制动、停车或沿路肩倒车退到出口处，更不得借行车道掉头或逆行。

（2）在高速公路上发生事故或故障停车时，应迅速将驾乘人员转移到高速公路以外安全的地方，不可滞留在右侧紧急停车带或路肩上。

三、安全驶离高速公路

1. 驶入减速车道

车辆驶离高速公路时，应按出口预告标志适时向右侧变更车道。驶离行车道的最佳时机是行至距离出口 500 m 处，开启右转向灯，适当调整车速，平稳地驶入减速车道。

2. 进入匝道

车辆驶离高速公路时，应当经减速后进入匝道。车辆驶入减速车道后，应关闭转向灯，注意观察车速表，进入匝道前将车速降到标志规定值以下。

3. 安全驶离

车辆驶离高速公路进入匝道后，应通过观察车速表控制和确认车速，使车速降到限定值以下。同时，注意从其他行车道驶来的车辆，礼让行车，不得争道抢行。

安全妙语“谨”上添花：

高速公路车辆多　驾驶技术须摸索
安全距离很必要　变更车道守规则

第三节　特殊路况安全驾驶

山区道路大多依山傍水而建，或盘山绕行，或临崖靠涧，道路坡长弯急，穿洞过栈。因此，在山区道路上行车时，必须根据具特点，掌握山路驾驶车辆的方法，确保山路行车的安全。

因为山区道路的交通动态同平原及市区的交通动态差别很大，路上经常有行人、放牧人、运输车辆等，加之道路崎岖、坡陡弯多，所以驾车入山区道路后，要特别注意“连续转弯”标志，做到主动避让、适时减速和提前鸣喇叭。

一、坡道驾驶

（1）车辆上坡行驶，要提前观察路况与坡道长度，减挡要及时、准确、迅速，避免拖挡行驶导致发动机动力不足。上陡坡时，应在坡底提前减挡加速冲坡。

（2）车辆下坡行驶，要适当控制车速，充分利用发动机进行制动，不能空挡滑行。下长坡时，车速会因为惯性而越来越快，连续使用制动会使制动器温度升高而导致制动效果急剧下降。控制车速最有效的方法是利用发动机制动。车辆在下陡坡时，不得超车。

（3）山区道路应避免停车，确需停车时应确保安全。下坡途中停车时，踩踏制动踏板要比在平路上提前；上坡尾随前车途中停车时，与前车保持的距离要比在平路上大。

二、弯道驾驶

通过山路弯道时，要按照“减速、鸣号、靠右行”的原则，提前降低车速。避免在转弯时换挡，以确保双手能有效地控制方向盘。

三、跟车、超车、会车

（1）车辆在山区道路上跟车行驶时，与前车应保持较大的安全距离。遇视线不清或道路条件差的路段，跟车距离还应加大，以防前车突然停车或停车后溜时发生碰撞事故。

（2）在山区道路上超车时，应选择宽阔的缓上坡路段，打开左转向灯，提前鸣喇叭，在确认前车准备好后超越。严禁在禁止超车或不具备超车条件的路段超车。

（3）在山区道路上遇对向来车时，应选择安全路段减速或停车交会。不得加速或紧靠道路中心会车，以防发生刮碰事故。

四、危险路段安全驾驶

车辆通过山区危险路段，应谨慎驾驶，避免停车。在较窄的山路上行车，如果靠山体一侧的车辆不让行，应提前减速并选择安全的地方避让。经常发生塌方、泥石流的山区地段，尽量不要停车。

五、隧道驾驶

山区隧道有单向行驶隧道和双向行驶隧道。隧道内一般都比较狭窄、黑暗，有时路面湿滑。较短的隧道可从入口看到出口，而较长的隧道或路途有弯的隧道则从入口无法看到出口。有的隧道在入口处设有信号灯，只有当绿色信号灯亮时，车辆方可驶入。雨天驶入、驶出隧道，由于明暗差大和雨水造成的水帘影响，视线变差，应降低车速行驶。

（1）单向行驶隧道的驾驶：

1）通过仅能单向车行驶的窄隧道时，应提前减速，观察对面有无来车，确认安全方可通过。

2）如发现对面有来车，应及时在隧道口外靠右停让，待来车通过或出现放行信号时再驶入隧道。

3）如遇有信号灯控制的隧道，应严格遵守红灯停车、绿灯通行的原则。

（2）双向行驶隧道的驾驶：

1）驶入前应打开示廓灯或近光灯，靠右侧行驶，注意对面来车，安全会车。

2）在双向行驶隧道内行车，会车时应加大车辆的侧向间距，切不可在会车时使用远光灯。在隧道内应尽量避免使用喇叭，特别是在距离长、车流量大的隧道内，鸣喇叭会增大隧道内的噪声。

安全妙语"谨"上添花：

山区行车须谨慎　坡陡道弯难掌控
低速通行方为上　处变不惊加小心

第四节　恶劣气象和复杂道路条件下的安全驾驶

一、雨天驾驶

雨天影响行驶安全的主要因素是视线受阻和路面变化。比如，雨水洒落使车窗和后视镜模糊不清，潮湿路面的光线反射、打滑等。

久雨天气要注意路基是否疏松及有无可能出现坍塌的情况，选择安全路面行驶。

1. 雨天方向控制

雨天行车，由于路面湿滑，车辆容易发生横滑或侧滑。此时，切不可急转方向盘或紧急制动，应利用发动机制动减速。

2. 雨天行驶速度控制

在干燥路面上行驶，提高车速时车轮与路面间的附着力（俗

称“抓地力”）几乎没有变化。而雨天，当车辆在潮湿路面上行驶时，车轮的附着力则随车速的增加而急剧变小，很容易发生“水滑”现象。此时，不要急踩制动踏板或猛打方向盘。

（1）雨天驾驶，除视线障碍是行车不安全的因素外，由于雨中或雨后路面变湿，车轮容易打滑给驾驶人操作增加的困难更不容忽视。因此，要减速行驶。

（2）由于视线不佳，有时不能及时发现行人，所以必须减速行驶。

（3）行人防范意识降低，不能主动避让，所以必须减速行驶。

（4）行人为躲避积水，有可能占用行车道，所以必须减速行驶。

3. 雨天雨刷器的正确使用

雨天，当雨点洒落在风窗上时，车前方的视线很快受到阻碍，车辆、行人和景物等会变得模糊不清。此时，开启雨刷器才能看清楚。

雨天驾驶车辆，如果不使用雨刷器或雨刷器发生故障而不能正常工作的话，对行车安全十分不利。

（1）雨季来临或大雨之前，应检查雨刷器是否能够正常工作。

（2）暴雨天，急速而大颗雨点打在风窗上，雨刷器运动得再快，也难刮净雨水，致使驾驶人的视线受到阻碍。为确保行车安全，应立即停驶。

二、雾天驾驶

1. 雾天灯光的使用

（1）雾天行车，首先应打开前、后防雾灯及示廓灯，或打开近光灯起补充作用。

（2）要遵守灯光使用规定，利用灯光来提高能见度，看清前方车辆、行人及路况，提醒其他车辆和行人注意。

2. 雾天安全驾驶的原则

（1）时刻注意车速与可视距离的关系，加大跟车距离。

（2）视线不清时，千万不要在道路中央行驶，也不要压线行驶，以避免会车时发生碰撞。

（3）雾中行车要打开示廓灯。

（4）慎用后雾灯。只有当可视距离小于 50 m 时才能使用。

3. 雾天车速与安全距离

车速与安全距离要适应能见度。由于雾天行车视距缩短，方向难辨，极易发生交通事故。驾驶车辆时，应严格控制车速，根据能见度选择不同的车速和安全距离行驶。

三、冰雪道路驾驶

即使道路上的积雪已经融化，也很容易凝结成薄冰。因此，在冰雪路面上行车，必须加大安全距离，低速缓慢行驶。

1. 雪天驾驶的特点

雪天，由于路面不断积雪，致使行驶阻力增大。同时，驾驶人的视线也往往因雪光的强烈反射或纷飞的雪花所阻挡，从而难以确定车前方的目标，使驾驶人的识别能力变弱。

2. 减速行驶

（1）紧急制动有可能发生侧滑，应利用发动机制动来减速行驶。

（2）对向车辆有可能发生侧滑，所以要减速行驶。

（3）有可能与对向车辆接触，所以要减速行驶，保证两车在交会处能够及时停住。

四、泥泞或翻浆道路驾驶

1. 停车察看

车辆行至泥泞或翻浆路段时，应停车察看路况（深度、宽度和距离等）。摸清情况后，选择平整、坚实或有车辙的路段行驶。

2. 控制车速

在泥泞路段上行车时，应选用适当的挡位（一般可用中低速挡），保持足够的动力，稳住加速踏板，匀速一次通过。

3. 防止侧滑

通过泥泞或翻浆路段，应挂低速挡，牢牢握稳方向盘，缓缓驶进。当车辆发生侧滑时，要保持冷静，在松抬加速踏板的同时，将方向盘朝后轮侧滑方向适当缓转以修正方向。

4. 陷入泥泞路段后的自救方法

（1）应先将车辆稍向后倒出，然后改变车轮行进方向，挂入低速挡，利用发动机的冲力驶出。

（2）车轮继续打滑时应立即停车，挖去泥浆或设法支起车轮，铺垫柴草、碎石或在驱动轮上缠绕绳索等，加大车轮的“抓地力”，防止倾覆。

五、涉水驾驶

1. 涉水驾驶的特点

涉水驾驶与在一般道路上驾驶完全不同，由于水的浮力和流水的冲击作用，车辆驱动力的发挥受到限制，电气设备也极易受潮短路。

2. 涉水驾驶的要领

（1）涉水前必须先对涉水路线的深度、水流速度和水中情况进行调查，切不可贸然涉水行驶。

（2）摸清涉水路线后，用低速挡平稳驶入水中并缓缓行进，以防水花溅湿发动机电气设备而导致熄火。

（3）涉水驾车行进中，驾驶人要目视远处固定目标，不要看水流，以防因视觉判断错误而导致行驶方向的偏移。

（4）要保持车速均匀、平稳且有足够的动力，尽量不要中途换挡、停车和急转弯，要一次通过涉水路段。

3. 轿车涉水的要领

轿车涉水能力较货车差，当水深超过轮胎一半时，切不可冒险涉水驾驶。正确做法如下：

（1）涉水前注意水深及水下有无淤泥、流沙等障碍物。市内行车要回忆积水前原处有无井盖、台阶等。

（2）挂低速挡缓缓驶入水中，应握稳方向盘，不要换挡和停车。当发现车轮打滑时，切忌猛加油冲车。正确方法是：在发动机不熄火的情况下，在有专人指挥或他人协助下驶出积水路面。

（3）涉水后，擦干被水浸湿的部位，保持低速行驶，并间断轻踩制动踏板，从而恢复制动效果。如果轿车因泡水而出现异常，应送修理厂检修。

六、其他恶劣与复杂环境驾驶

1. 酷暑天气驾驶

高温对驾驶人、车辆以及交通环境均会造成各种不利的影响，因此，在高温气候条件下驾驶，驾驶人应格外小心。

（1）充分休息，确保有旺盛的精力驾驶。

（2）对车辆进行认真检查和维护，确保车辆不缺水、不缺油，风扇皮带张紧度和轮胎气压正常。

2. 严寒天气驾驶

低温对车辆的技术状况影响极大，因此，严寒气候条件下驾驶人应做好准备工作。

（1）起步。行驶前启动发动机，怠速运转数分钟预热发动机，

使发动机各部分得到充分润滑。

（2）起步后低速行驶一段距离，再逐渐加快车速。

（3）临时停车应尽量选择避风朝阳处。

3. 大风天气驾驶

狂风袭来时的车辆驾驶，既有经验问题，也有一定的驾驶方法和驾驶技巧。

（1）握稳方向盘。由于风速和风向往往不断地发生变化，在大风中驾驶，驾驶人常有一种方向盘突然“被夺”（俗称“夺把”）的感觉，此时一定要双手握稳方向盘。

（2）微调方向盘。行驶中如果遇到狂风，感觉车辆产生横向偏移时，应微量转动方向盘调正车头，不能慌忙急转方向盘，以免发生危险。

（3）适当放慢车速。大风来临时常常伴有飞沙走石，会严重影响驾驶人的视线。此时，应适当降低车速，以保障为躲避风沙而奔跑的行人的安全。

七、施工路段安全驾驶

驾驶车辆行经施工路段时，应当及时减速，服从施工人员的指挥，按照指路标志和指示牌绕行。

安全妙语“谨”上添花：

特殊气候路况差　　稳把方向轻踩刹
看清情况控车距　　低速谨慎少事故

第五节　紧急情况应急处置知识

一、行驶中出现突发情况的应急措施

1. 紧急情况处置原则

路遇紧急情况避险时，要保持冷静，坚持先避人后避物的处理原则。车辆在高速行驶时急转向，极易造成侧滑相撞或在离心力作用下倾翻的事故。因此，即使可能与前方车辆发生碰撞，驾驶人也应先制动减速，后转向避让。

2. 爆胎时的应急措施

（1）行驶中轮胎漏气应采取制动措施，否则，轻者可能导致漏气轮胎的严重损坏甚至报废，重者可能导致车辆以漏气轮胎为支点而发生滚翻。所以，发现轮胎漏气时，驾驶人应紧握方向盘，慢慢制动减速，极力控制行驶方向，尽快驶离行车道。

（2）高速行驶时若出现前轮爆胎，车辆会倾向于爆胎一边；如果是后轮爆胎，车辆将可能旋转。此时如采取紧急制动，车辆可能向爆胎一侧滚翻。所以，发现爆胎时，驾驶人应紧握方向盘，松抬加速踏板或制动踏板，千万不要紧急制动。正确做法是：极力控制行驶方向，必要时抢挂低速挡，平稳驶离行车道。

（3）轮胎气压过低，高速行驶时轮胎会出现反复波浪变形，橡胶分子内摩擦使温度升高而导致爆胎。预防爆胎的正确方法是：定期检查轮胎，保持标准气压，及时清理轮胎沟槽里的异物，更换有裂纹或深损伤的轮胎。

3. 车辆侧滑时的应急措施

（1）车辆转弯时速度越快，离心力越大，车辆越容易冲出弯道或发生侧滑。车辆速度超过 60 km/h 时，紧急制动易导致侧滑或甩尾等危险情况。

（2）车辆发生侧滑时，应立即松抬制动踏板。同时向侧滑的一侧转动方向盘，并及时回转进行调整，修正方向后继续行驶。若车辆是因转向或擦撞而引起的侧滑，则不可使用行车制动。

（3）开始下雨时路面的尘土易与雨水混合成泥浆，最容易使车辆发生侧滑。车辆在泥泞、溜滑路面上紧急制动或猛打方向盘时，易导致行驶方向失控，产生侧滑，甚至造成翻车、坠车或与其他车辆、行人相撞。车辆在泥泞路面上发生侧滑时，应向侧滑的一侧转动方向盘以适量修正。

4. 转向突然不灵、失控时的应急措施

（1）装有动力转向装置的车辆，突然出现转向不灵或转向困难时，切不可继续驾驶，应尽快减速，选择安全地点停车，查明原因。若出现转向突然不灵，但还可以实现转向，应低速将车开到附近修理厂修好再行驶。

（2）对于转向失控的车辆，最有效的控制方法是平衡制动。高速行驶的车辆在转向失控的情况下使用紧急制动，很容易造成翻车。当车辆转向失控、行驶方向偏离，事故已经不可避免时，应果断地连续踩踏、放松制动踏板，尽快减速，极力缩短停车距离，减小撞车力度。

5. 制动突然失灵或失效时的应急措施

（1）制动时前车轮抱死会出现丧失转向能力的情况，后车轮抱死可能会出现侧滑甩尾的情况。制动时车轮最容易抱死的路面是冰雪路面。如遇冰雪路面，抱死的车轮很容易产生侧滑。

（2）未安装防抱死制动装置（ABS）的车辆在冰雪、湿滑、碎石路面或者比较光滑的路面上制动时，要轻踏或间歇踩踏制动踏板，避免车轮抱死。

（3）行车中制动突然失灵或失效，驾驶人要保持冷静，以控制方向为第一应急措施，再迅速利用“抢挡”或驻车制动进行减速。为发挥最大制动作用，使用驻车制动器时不可将操纵杆一次拉紧。

（4）下坡路制动失效或失灵后，驾驶人应立即寻找并冲入紧急避险车道。停车后拉紧驻车制动器，以防溜动发生二次险情。

若没有可利用的地形和时机，应迅速逐级或越一级减挡，利用发动机制动作用控制车速，切不可采取拉紧驻车制动器操纵杆或越两级挡位减挡的办法。在不得已的情况下，可用前保险杠侧面撞击山坡，迫使车辆停住。

6. 发动机突然熄火时的应急措施

行车中发动机突然熄火后，若不能再次启动应开启右转向灯，将车缓慢滑行到路边停车以检查熄火原因。不得采取紧急制动迫使车辆迅速停住的方法。

二、车辆发生事故时的应急措施及消防知识

1. 车辆碰撞时的应急措施

（1）车辆在会车、超车或避让障碍物时，车辆之间或与其他物体之间容易发生刮碰现象，所以应加大车辆间的横向距离。

（2）行车中与其他车辆有迎面碰撞可能时，应先向右侧稍转方向，随即适量回转，并迅速踩踏制动踏板。若与其他车辆不可避免地发生正面碰撞，应紧急制动，以减小正面碰撞冲击。在迎面碰撞发生的瞬间，迅速放开方向盘，并抬起双腿，身体侧卧于右侧座上，避免身体被方向盘卡住。

（3）发生被后车追尾碰撞时，驾驶人应紧靠椅背，双手迅速置于脑后，全力护住头后部。

（4）通常车辆的侧面碰撞安全防护性能明显弱于正面碰撞安全防护性能，所以车辆撞击无法避免时，驾驶人应当尽力避免侧

面相撞。车辆发生撞击的位置不在驾驶人一侧或撞击力量较小时，驾驶人应紧握方向盘，两腿向前蹬，身体向后紧靠座椅。发生侧面碰撞的部位无论是在哪一侧，都不可采取跳车的方法。

2. 车辆倾翻时的应急措施

（1）车辆突然发生倾翻时，驾驶人应双手紧握方向盘，双脚钩住踏板，背部紧靠座椅靠背，稳定自己的身体，避免自身在车内撞伤，进而注意避免因车体变形而遭挤压受伤。当车辆向深沟连续翻滚时，身体应迅速躲于座椅前下方，抓住方向盘管等将身体稳住，避免身体扭动受伤。

（2）在车中感到不可避免地要被抛出车外的力量，借势跳出车外，跳出车外落地后，应力争双手抱头顺势朝惯性力的方向多滚动一段距离，以躲开车体，增大离开危险区的距离。在发生缓慢翻车的情况下，如果可能跳车逃生，应朝翻车相反方向跳车，以避免跳车后被滚翻的车辆碾压。

3. 车辆发生行车火灾时的应急措施

（1）发动机着火时应迅速停熄发动机，用灭火器或覆盖法灭火。不得开启发动机罩后灭火，因为这样做可能会因大量空气进入而加大火势。

（2）车辆燃油着火时应当使用灭火器或路边沙土、棉衣等覆盖灭火，不能用水灭火。因为燃油较水轻，当水与燃油接触时，水不但不能覆盖燃油，反而将承载燃油四处流淌扩展火势。

（3）车辆发生火灾时，应及时将车辆停在远离城镇、建筑物、树林、其他车辆及易燃物的空旷地带，尽快把事故情况和地点报告给救援机构。高速公路行车发生火灾时，不得将车辆驶进服务区或停车场灭火。

（4）使用灭火器灭火时，人要站在上风处，灭火器喷口瞄准火源。灭火时不要张嘴呼吸或高声呐喊，以免烟火灼伤上呼吸道。注意脱去所穿的化纤服装，保护暴露在外的皮肤。

（5）含酒精的防冻液着火时，可立即用水浇泼着火部位，以冲淡酒精防冻液的浓度。驾驶人在逃离火灾现场前，应关闭点火开关、电源总开关和百叶窗，并关闭油箱开关。

4. 车辆落水后的应急措施

（1）驾驶车辆不慎意外落水，车窗是最易逃脱的地方。当外部水的压力较大很难开启车门时，应迅速开启车窗或用粗重的物体敲碎车窗玻璃（必要时可用脚踹），才有逃生的希望。

（2）落水后，如果车窗可以打开，驾驶人应保持冷静，并告知同车乘员不要慌张，做好深呼吸，待水快注满车厢时，再开启车门或摇开车窗逃生。不得采取关闭车窗阻挡车内进水或拨打急救电话告知救援人员等错误方法。紧急时刻，不要过于惊慌，通常会有 3 ~ 5 min 充足的时间逃生。

三、高速公路紧急避险

1. 高速公路应急指南

（1）在高速公路上突然发现有人或动物横穿时，应果断采取损失较小的避让措施。紧急避险措施不应超过必要的限度，千万不应有不必要的损害。

（2）车辆在高速公路上急转向，极易造成侧滑相撞或在离心力作用下翻滚的事故。因此，在高速公路上发生紧急情况，不要轻易急转方向避让，应首先采取制动减速，使车辆在碰撞前处于停止或低速行进状态，以减小碰撞损坏程度。车辆在高速公路上意外撞击护栏时，应稳住方向，适当修正，切忌猛打方向盘。

2. 高速公路发生“水滑”现象时的应急措施

雨天在高速公路上行驶，随着车速的增加，轮胎与路面之间易形成水膜，使轮胎悬浮，从而发生“水滑”现象。雨天在高速公路上行车，为避免发生“水滑”现象而造成方向失控，应保持较低的车速。发生“水滑”现象时，应握稳方向盘，逐渐降低车速。不得迅速转向或急踩制动踏板减速。

3. 急需停车时的处置

车辆在高速公路上行驶除遇异常情况外，不准停车上下人员或者装卸货物，应选择服务区停车。当发生故障必须停车检查时，应逐渐向右变更车道，在紧急停车带停车。

4. 雾天发生事故的处置

雾天在高速公路上发生事故不能继续行驶时，须开启危险报警闪光灯和尾灯，按规定设置警告标志，驾乘人员尽快从右侧离开车辆并站到防护栏以外，不得在高速公路上行走。

5. 遇横风时的应急措施

车辆在高速公路上行至隧道出口或凿开的山谷出口处，可能会遇到横风。当驾驶人感到车辆行驶方向不稳时，应双手握稳方向盘，进行适当减速。

安全妙语"谨"上添花：

紧急情况先莫惊　　减少损失是要领
要想平安无事故　　平时维护检查勤

第五章

运营及特种车辆安全行驶

第一节　客运车辆道路通行安全

一、客运车辆驾驶人要求

从事客运经营的驾驶人员，应当符合下列条件：

（1）取得相应的机动车驾驶证。

（2）年龄不超过 60 周岁。

（3）3 年内无重大以上交通责任事故记录。

（4）经设区的市级道路运输管理机构对有关客运法规、机动车维修和旅客急救基本知识考试合格并取得相应从业资格证。

二、运营车辆安全行驶要求

（1）道路客运班线属于国家所有的公共资源。班线客运经营者取得经营许可后，应当向公众提供连续运输服务，不得擅自暂停、终止或者转让班线运输。

（2）客运班车应当按照许可的线路、班次、站点运行，在规定的途经站点进站上下旅客，无正当理由不得改变行驶线路，不得站外上客或者沿途揽客。

经许可机关同意，在农村客运班线上运营的班车可采取区域经营、循环运行、设置临时发车点等灵活的方式运营。

（3）客运经营者不得强迫旅客乘车，不得中途将旅客交给他人运输或者甩客，不得敲诈旅客，不得擅自更换客运车辆，不得阻碍其他经营者的正常经营活动。

（4）严禁客运车辆超载运行，在载客人数已满的情况下，允许再搭乘不超过核定载客人数 10% 的免票儿童。

客运车辆不得违反规定载货。

（5）客运经营者应当遵守有关运价规定，使用规定的票证，不得乱涨价、恶意压价、乱收费。

（6）客运经营者应当在客运车辆外部的适当位置喷印企业名称或者标识，在车厢内显著位置公示道路运输管理机构监督电话、票价和里程表。

（7）客运经营者应当为旅客提供良好的乘车环境，确保车辆设备、设施齐全有效，保持车辆清洁、卫生，并采取必要的措施防止在运输过程中发生侵害旅客人身、财产安全的违法行为。

当运输过程中发生侵害旅客人身、财产安全的治安违法行为时，客运经营者在自身能力许可的情况下，应当及时向公安机关报告并配合公安机关及时终止治安违法行为。

客运经营者不得在客运车辆上从事播放淫秽录像等不健康的活动。

（8）客运经营者应当为旅客投保承运人责任险。

（9）客运经营者在运输过程中造成旅客人身伤亡，行李毁损、灭失，当事人对赔偿数额有约定的，依照其约定；没有约定的，参照国家有关港口间海上旅客运输和铁路旅客运输赔偿责任限额的规定办理。

（10）客运经营者应当加强对从业人员的安全、职业道德教育和业务知识、操作规程培训。并采取有效措施，防止驾驶人员连续驾驶时间超过 4 h。

客运车辆驾驶人员应当遵守道路运输法规和道路运输驾驶员操作规程，安全驾驶，文明服务。

（11）客运经营者应当制定突发公共事件的道路运输应急预案。应急预案应当包括报告程序、应急指挥、应急车辆和设备的储备以及处置措施等内容。

发生突发公共事件时，客运经营者应当服从县级及以上人民政府或者有关部门的统一调度、指挥。

（12）客运经营者应当建立和完善各类台账和档案，并按要求及时报送有关资料和信息。

（13）旅客应当持有效客票乘车，遵守乘车秩序，文明礼貌，携带免票儿童的乘客应当在购票时声明。不得携带国家规定的危险物品及其他禁止携带的物品乘车。

（14）客运车辆驾驶人员应当随车携带《道路运输证》、从业资格证等有关证件，在规定位置放置客运标志牌。客运班车驾驶人员还应当随车携带《道路客运班线经营许可证明》。

安全妙语“谨”上添花：

客运车辆须慎行　按照规定来经营
常做维护莫大意　上路行驶不带病

第二节　特殊货物道路通行安全

一、运输危险化学品车辆基本安全要求

（1）危险化学品运输驾驶员资格认可办理条件：

1）机动车驾驶证准驾车型与驾驶车型相应。

2）年龄需满 18 周岁，不超过 60 周岁。

3）经运输管理机构指定的考核机构对有关货运法规、机动车维修、货物装载保管、安全等基本知识考试合格。

4）具有 2 年以上普通货物运输安全驾驶的经历，并持有普通

货物运输从业资格证 2 年以上。

（2）货物的装卸应在装卸管理人员的现场指挥下进行。

（3）在危险货物装卸作业区应设置警告标志。无关人员不得进入装卸作业区。

（4）进入易燃易爆危险货物装卸作业区，严禁发生下列行为：

1）随身携带火种。

2）随身携带手机等通讯工具和电子设备。

3）吸烟。

4）穿产生静电的工作服和带铁钉的工作鞋。

（5）雷雨天气装卸时，应确认避雷电、防潮措施有效。

（6）运输危险货物的车辆在一般道路上最高车速为 60 km/h，在高速公路上最高车速为 80 km/h，并应确认有足够的安全车间距离。如遇雨天、雪天、雾天等恶劣天气，最高车速为 20 km/h，并打开示警灯，警示后车，防止追尾。

（7）禁止在装卸作业区内维修运输危险货物的车辆。

（8）运输过程中，应每隔 2 h 检查一次。若发现货损（如丢失、泄漏等），应及时联系当地有关部门予以处理。

（9）驾驶人员一次连续驾驶 4 h 应休息 20 min 以上，24 h 内实际驾驶车辆时间累计不得超过 8 h。

（10）运输危险货物的车辆发生故障需修理时，应选择在安全地点和具有相关资质的汽车修理企业进行。

（11）对装有易燃易爆危险货物和有易燃易爆残留物的运输车辆，不得动火修理。确需修理的车辆，应向当地公安部门报告，根据所装载的危险货物特性，采取可靠的安全防护措施，并在消防员监控下作业。

（12）运输剧毒、爆炸、易燃、放射性危险货物的，应当具备罐式车辆或厢式车辆、专用容器。

（13）运输剧毒危险货物的罐式专用车辆的罐体容积不得超过 10 m^3，但罐式集装箱除外；运输剧毒、爆炸、强腐蚀性危险货物的非罐式专用车辆，核定载质量不得超过 10 t；运输爆炸、强腐蚀性危险货物的罐式专用车辆的罐体容积不得超过 20 m^3。

（14）运输剧毒品的，必须到公安部门办理剧毒品公路运输通行证，并按规定路线从事运输。

二、运输危险化学品车辆道路通行安全

1. 出车前的安全要求

（1）运输危险货物车辆的有关证件、标志应齐全有效（车辆道路运输证核定经营范围、车辆标志牌是否与所装运危险货物类别项别相符），技术状况应为良好，并按照有关规定对车辆安全技术状况进行严格检查，发现故障应立即排除。

（2）运输危险货物车辆的车厢底板应平坦完好、栏板牢固，对于不同的危险货物，应采取相应的衬垫防护措施（如铺垫木板、胶合板、橡胶板等），车厢或罐体内不得有与所装危险货物性质相抵触的残留物。

（3）检查运输危险货物车辆配备的消防器材，发现问题应立即更换或修理。

（4）根据所运危险货物特性，应随车携带遮盖、捆扎、防潮、防火、防毒等工、器具和应急处理设备、劳动防护用品。

（5）驾驶人员、押运人员应检查随车携带的“道路运输危险货物安全卡”是否与所运危险货物一致。

（6）装车完毕后，驾驶员应对货物的堆码、遮盖、捆扎等安全措施及对影响车辆启动的不安全因素进行检查，确认无不安全因素后方可起步。

（7）运输危险化学品的驾驶员、押运人员必须了解所运载的危险化学品的性质、危害特性、保障容器的使用特性和发生意外时的应急措施。

2. 运输途中的安全要求

（1）驾驶人员应根据道路交通状况控制车速，禁止超速和强行超车、会车。

（2）运输途中应尽量避免紧急制动，转弯时车辆应减速。

（3）通过隧道、涵洞、立交桥时，要注意标高、限速。

（4）运输危险货物过程中，押运人员应密切注意车辆所装载的危险货物，根据危险货物性质定时停车检查，发现问题及时会同驾驶人员采取措施妥善处理。驾驶人员、押运人员不得擅自离岗、脱岗。

（5）运输过程中如发生事故，驾驶人员和押运人员应立即向当地公安部门及安全生产管理部门、环境保护部门、质检部门报告，并应看护好车辆、货物，共同配合采取一切可能的警示、救援措施。

（6）运输过程中需要停车住宿或遇有无法正常运输的情况时，应向当地公安部门报告。

（7）运输过程中遇有天气、道路路面状况发生变化，应根据所载危险货物特性，及时采取安全防护措施。遇有雷雨时，不得在树下、电线杆、高压线、铁塔、高层建筑及容易遭到雷击和产生火花的地点停车。若要避雨，应选择安全地点停放。遇有泥泞、颠簸、狭窄及山崖等路段时，应低速缓慢行驶，防止车辆侧滑、打滑及危险货物剧烈震荡等，确保运输安全。

三、运输放射性货物车辆道路通行安全

（1）运输一类放射性物品的，运输人应当委托有资质的辐射监测机构对其表面污染和辐射水平实施监测，辐射监测机构应当出具辐射监测报告。

运输二类、三类放射性物品的，运输人应当对其表面污染和辐射水平实施监测，并编制辐射监测报告。

监测结果不符合国家放射性物品运输安全标准的，不得运输。

（2）承运放射性物品应当取得国家规定的运输资质。承运人的资质管理，依照有关法律、行政法规和国务院交通运输、铁路、民航、邮政主管部门的规定执行。

（3）运输人和承运人应当对直接从事放射性物品运输的工作人员进行运输安全和应急响应知识的培训，并进行考核；考核不合格的，不得从事相关工作。

运输人和承运人应当按照国家放射性物品运输安全标准和国家有关规定，在放射性物品运输容器和运输工具上设置警示标志。

国家利用卫星定位系统对一类、二类放射性物品运输工具的运输过程实行在线监控。

（4）运输人和承运人应当按照国家职业病防治的有关规定，对直接从事放射性物品运输的工作人员进行个人剂量监测，建立

个人剂量档案和职业健康监护档案。

（5）运输人应当向承运人提交运输说明书、辐射监测报告、核与辐射事故应急响应指南、装卸作业方法、安全防护指南，承运人应当查验、收存。运输人提交文件不齐全的，承运人不得承运。

（6）运输一类放射性物品的，运输人应当编制放射性物品运输的核与辐射安全分析报告书，报国务院核安全监管部门审查批准。

放射性物品运输的核与辐射安全分析报告书应当包括放射性物品的品名、数量、运输容器型号、运输方式、辐射防护措施、应急措施等内容。

国务院核安全监管部门应当自受理申请之日起 45 个工作日内完成审查，对符合国家放射性物品运输安全标准的，颁发核与辐射安全分析报告批准书；对不符合国家放射性物品运输安全标准的，书面通知申请单位并说明理由。

（7）放射性物品运输的核与辐射安全分析报告批准书应当载明下列主要内容：

1）运输人的名称、地址、法定代表人。

2）运输放射性物品的品名、数量。

3）运输放射性物品的运输容器型号和运输方式。

4）批准日期和有效期限。

（8）一类放射性物品启运前，运输人应当将放射性物品运输的核与辐射安全分析报告批准书、辐射监测报告，报启运地的省、自治区、直辖市人民政府环境保护主管部门备案。

收到备案材料的环境保护主管部门应当及时将有关情况通报放射性物品运输的途经地和抵达地的省、自治区、直辖市人民政府环境保护主管部门。

（9）通过道路运输放射性物品的，应当经公安机关批准，按照指定的时间、路线、速度行驶，并悬挂警示标志，配备押运人员，使放射性物品处于押运人员的监管之下。

通过道路运输核反应堆乏燃料的，运输人应当报国务院公安部门批准。通过道路运输其他放射性物品的，运输人应当报启运地县级以上人民政府公安机关批准。

四、大件货物运输基本技术条件

（1）使用适宜的装卸机械，装车时应使货物的全部支承面均匀地、平稳地放置在车辆底板上，以免损坏车辆。

（2）用相应的大型平板车等专用车辆，严格按有关规定装载。

（3）对于集重货物，为使其重量能均匀地分布在车辆底板上，必须将货物安置在纵横垫木上或相当于起垫木作用的设备上。

（4）货物重心应尽量置于车底板纵横中心交叉点的垂直线上。严格控制横移位和纵向移位。

（5）重车重心高度应控制在规定限制内，若重心偏高，除应认真进行加载加固以外，还应采取配重措施，以降低其重心高度。

安全妙语"谨"上添花：

危险货物要小心　上路运输有规定
各种手续需办理　条件具备方通行

第三节　校车道路通行安全

一、校车驾驶人驾驶资格

（1）取得相应准驾车型驾驶证并具有 3 年以上驾驶经历，年龄在 25 周岁以上，不超过 60 周岁。

（2）最近连续 3 个记分周期内没有被记满分记录。

（3）无致人死亡或者重伤的交通事故责任记录。

（4）无饮酒后驾驶或者醉酒驾驶机动车记录，最近 1 年内无驾驶客运车辆超员、超速等严重交通违法行为记录。

（5）无犯罪记录。

（6）身心健康，无传染性疾病，无癫痫、精神病等可能危及行车安全的疾病病史，无酗酒、吸毒行为记录。

（7）机动车驾驶人申请取得校车驾驶资格，应当向县级或者设区的市级人民政府公安机关交通管理部门提交书面申请和证明材料。

公安机关交通管理部门应当自收到申请材料之日起 5 个工作日内审查完毕，对符合条件的，在机动车驾驶证上签注准许驾驶校车；不符合条件的，书面说明理由。

（8）机动车驾驶人未取得校车驾驶资格，不得驾驶校车。禁止聘用未取得校车驾驶资格的机动车驾驶人驾驶校车。

（9）校车驾驶人应当每年接受公安机关交通管理部门的审验。

（10）校车驾驶人应当遵守道路交通安全法律法规，严格按照机动车道路通行规则和驾驶操作规范安全驾驶、文明驾驶。

二、校车道路通行安全

（1）校车行驶线路应当尽量避开急弯、陡坡、临崖、临水的危险路段；确实无法避开的，道路或者交通设施的管理、养护单位应当按照标准对上述危险路段设置安全防护设施、限速标志、警告标牌。

（2）校车经过的道路出现不符合安全通行条件的状况或者存在交通安全隐患的，当地人民政府应当组织有关部门及时改善道路安全通行条件、消除安全隐患。

（3）校车运载学生，应当按照国务院公安部门规定的位置放置校车标牌，开启校车标志灯。

校车运载学生，应当按照经审核确定的线路行驶，遇有交通管制、道路施工以及自然灾害、恶劣气象条件或者重大交通事故等影响道路通行情形的除外。

（4）公安机关交通管理部门应当加强对校车行驶线路的道路交通秩序管理。遇交通拥堵的，交通警察应当指挥疏导运载学生的校车优先通行。

校车运载学生，可以在公共交通专用车道以及其他禁止社会车辆通行但允许公共交通车辆通行的路段行驶。

（5）校车上下学生，应当在校车停靠站点停靠；未设校车停靠站点的路段，可以在公共交通站台停靠。

道路或者交通设施的管理、养护单位应当按照标准设置校车停靠站点预告标识和校车停靠站点标牌，施划校车停靠站点标线。

（6）校车在道路上停车上下学生，应当靠道路右侧停靠，开启危险报警闪光灯，打开停车指示标志。校车在同方向只有一条机动车道的道路上停靠时，后方车辆应当停车等待，不得超越。校车在同方向有两条以上机动车道的道路上停靠时，校车停靠车道后方和相邻机动车道上的机动车应当停车等待，其他机动车道上的机动车应当减速通过。校车后方停车等待的机动车不得鸣喇叭或者使用灯光催促校车。

（7）校车载人不得超过核定的人数，不得以任何理由超员。

学校和校车服务提供者不得要求校车驾驶人超员、超速驾驶校车。

（8）载有学生的校车在高速公路上行驶的最高速度不得超过80 km/h，在其他道路上行驶的最高速度不得超过60 km/h。

道路交通安全法律法规规定或者道路上限速标志、标线标明的最高速度低于以上规定的，从其规定。

载有学生的校车在急弯、陡坡、窄路、窄桥以及冰雪、泥泞的道路上行驶，或者遇有雾、雨、雪、沙尘、冰雹等低能见度气象条件时，最高速度不得超过20 km/h。

（9）交通警察对违反道路交通安全法律法规的校车，可以在消除违法行为的前提下先予放行，待校车完成接送学生任务后再对校车驾驶人进行处罚。

（10）公安机关交通管理部门应当加强对校车运行情况的监督检查，依法查处校车道路交通安全违法行为，定期将校车驾驶人的道路交通安全违法行为和交通事故信息抄送其所属单位和教育行政部门。

三、校车乘车安全须知

（1）配备校车的学校、校车服务提供者应当指派照管人员随校车全程照管乘车学生。校车服务提供者为学校提供校车服务的，双方可以约定由学校指派随车照管人员。

学校和校车服务提供者应当定期对随车照管人员进行安全教育，组织随车照管人员学习道路交通安全法律法规、应急处置和应急救援知识。

（2）随车照管人员应当履行下列职责：

1）学生上下车时，在车下引导、指挥，维护上下车秩序。

2）发现驾驶人无校车驾驶资格，饮酒、醉酒后驾驶，或者身体严重不适以及校车超员等明显妨碍行车安全情形的，制止校车开行。

3）清点乘车学生人数，帮助、指导学生安全落座、系好安全带，确认车门关闭后示意驾驶人启动校车。

4）制止学生在校车行驶过程中离开座位等危险行为。

5）核实学生下车人数，确认乘车学生已经全部离车后本人方可离车。

（3）校车的副驾驶座位不得安排学生乘坐。

校车运载学生过程中，禁止除驾驶人、随车照管人员以外的人员乘坐。

（4）校车驾驶人驾驶校车上道路行驶前，应当对校车的制动、转向、外部照明、轮胎、安全门、座椅、安全带等车况是否符合安全技术要求进行检查，不得驾驶存在安全隐患的校车上道路行驶。

校车驾驶人不得在校车载有学生时给车辆加油，不得在校车发动机引擎熄灭前离开驾驶座位。

（5）校车发生交通事故，驾驶人、随车照管人员应当立即报警，设置警示标志。乘车学生继续留在校车内有危险的，随车照管人员应当将学生撤离到安全区域，并及时与学校、校车服务提供者、学生的监护人联系处理后续事宜。

安全妙语"谨"上添花：

校车安全责任大　　监管严厉细筛查
行车照管遵规定　　幸福情系千万家